DEUXIÈME MÉMOIRE

SUR QUELQUES

QUESTIONS DE STATISTIQUE

PAR

T. LOUA

ANCIEN ÉLÈVE DE L'ÉCOLE CENTRALE, SOUS-CHEF DE BUREAU AU MINISTÈRE DE L'AGRICULTURE,
DU COMMERCE ET DES TRAVAUX PUBLICS

PARIS

VEUVE BERGER-LEVRAULT & FILS, LIBRAIRES-ÉDITEURS

5, RUE DES BEAUX-ARTS

MÊME MAISON A STRASBOURG

1866

DU SUFFRAGE UNIVERSEL

DANS SES

RAPPORTS AVEC LES MOUVEMENTS DE LA POPULATION.

Nous nous proposons, dans le travail qui va suivre, d'étudier le suffrage universel dans ses rapports avec les lois de la population.

Cette étude, faite à un point de vue exclusivement statistique, nous a permis de
découvrir certains résultats peu connus et de rectifier un très-grand nombre d'as-
sertions inexactes, qui se reproduisent, soit dans la presse, soit à la tribune, principalement à l'époque des élections générales.

I.

Nous rappellerons d'abord les principes fondamentaux de notre système électoral.

1° Sont électeurs, sans condition de cens, tous les Français, âgés de 21 ans
accomplis, jouissant de leurs droits civils et politiques.

2° La liste électorale, dressée par le maire pour chaque commune, comprend,
par ordre alphabétique: 1° tous les électeurs habitant la commune depuis six mois
au moins; 2° ceux qui, n'ayant pas atteint, lors de la formation de la liste, les conditions d'âge et d'habitation, doivent les acquérir avant sa clôture définitive.

3° Les militaires en activité de service, les hommes retenus pour le service de la
flotte et des ports, en vertu de leur immatriculation sur les rôles de l'inscription
maritime, doivent être portés sur les listes des communes où ils étaient domiciliés
avant leur départ; mais le vote leur est interdit, s'ils sont absents de leur commune
au moment de l'élection.

4° Enfin dix-sept catégories d'individus peuvent être privées de leurs droits civils
et politiques par suite de condamnations criminelles ou correctionnelles ou parce
qu'ils sont interdits, en état de faillite, de mendicité ou de vagabondage.

Les listes sont d'ailleurs permanentes, et chaque électeur peut réclamer, dans sa
circonscription, la radiation ou l'inscription d'un individu omis ou indûment inscrit.

Il résulte de ces diverses dispositions, que la liste générale des électeurs comprend tous les hommes de plus de 21 ans. Sont seuls exclus: les étrangers, ceux
qui n'ont pas satisfait à la condition de six mois de domicile, ceux que la loi a
frappés d'incapacité, enfin ceux qui ont négligé ou omis de se faire inscrire et qu'on
a oublié d'inscrire d'office.

Il importe donc de connaître, avant tout, le nombre des hommes de plus de
21 ans.

Ce document important existe, grâce aux publications du Bureau de la statistique générale de France, relativement aux trois derniers recensements effectués
dans notre pays. On peut l'extraire, en effet, du tableau qui contient, pour l'en-

semble de la population, l'âge de tous les individus dont elle se compose, suivant le sexe et l'état civil.

Disons en passant que ces *tables de population* seront utilement consultées par tous ceux qui veulent connaître l'âge moyen de notre population, la mortalité applicable aux diverses phases de la vie, ainsi que les conséquences qui en découlent au point de vue des assurances, de l'établissement de rentes viagères, etc. On y trouve en outre le moyen de déterminer la valeur, en France, de certains groupes caractéristiques, comme l'enfance, la vieillesse, la population adulte, la population féminine dans l'âge de la fécondité, la population masculine capable de porter les armes ou appelée chaque année sous les drapeaux, enfin, et c'est sur ce point que nous désirons fixer plus spécialement l'attention, le nombre exact de ceux auxquels leur âge attribue le droit électoral.

En se reportant au tableau de la population par âges, établi d'après le recensement de 1861 (voir le volume XIII de la 2e série de la *Statistique générale de France*), on constate que la population masculine de plus de 21 ans (et c'est celle qui, comme on vient de le voir, constitue, en dehors des exclusions légales, le corps électoral du pays) se compose de 11,602,414 individus.

Ce sont là ce qu'on pourrait appeler les *électeurs naturels*, et il est du plus grand intérêt d'en comparer le nombre aux *électeurs inscrits*.

Or, il résulte d'une communication faite par l'Administration au Corps législatif que le nombre des électeurs inscrits s'est élevé, en 1863, à 10,003,748.

Ce nombre présente, avec le précédent, une différence de 1,598,666, et cette différence, si l'on veut bien ne pas tenir compte du faible intervalle qui sépare les deux opérations (recensement et élections), exprime, pour l'année 1863, le nombre des personnes qui n'ont pas le droit de voter, et que nous avons énumérées plus haut.

La proportion des individus exclus des listes, par une raison quelconque, n'est, d'après ce document, que de 13.77 p. 100 hommes de plus de 21 ans. Cette proportion s'accorde parfaitement avec les faits observés, et c'est là, pour le dire en passant, une confirmation précieuse de l'exactitude relative du dénombrement par âges, effectué en 1861.

Si l'on rapporte à la population générale de la France les trois termes que nous venons de poser, on trouve que, pour 100 habitants, il y a 31 électeurs naturels, 27 électeurs inscrits, et par conséquent 4 éliminations.

Ce sont là les rapports moyens, applicables à la France entière; nous nous proposons, et c'est là le but principal de cette étude, d'en examiner les variations dans les divers départements de l'empire.

II.

Les résultats de nos recherches sur ce point se trouvent dans un tableau placé à la fin de notre travail, et qui contient, par département, le rapport à la population *a)* des hommes de plus de 21 ans; *b)* des électeurs inscrits; *c)* des éliminés.

Si, se reportant à ce tableau, l'on examine d'abord la liste des électeurs inscrits de chaque département, on ne peut s'empêcher d'être frappé du rapport variable que ces électeurs offrent avec la population. Pour la France entière, nous avons vu qu'il est de 26.76, soit 27 p. 100; mais les limites extrêmes sont de 32.20 à 16.70.

C'est le département de Tarn-et-Garonne qui, pour un nombre d'habitants donné, compte le plus d'électeurs, c'est le département de la Seine qui en compte le moins.

D'après l'article 1.er de la loi électorale, chaque département nomme un député à raison de 35,000 électeurs, et un député de plus, toutes les fois que le nombre excédant des électeurs s'élève à 25,000.

Remarquons, à ce sujet, que si le département de la Seine était placé, proportionnellement à ses électeurs, dans les mêmes conditions que Tarn-et-Garonne, il enverrait au Corps législatif 18 députés au lieu de 9.

Il suffit d'ailleurs, quand on tient compte de l'article précité de la loi, en le combinant avec la proportion des électeurs, que le département de Tarn-et-Garonne s'accroisse de 50,000 habitants pour nommer un député de plus, tandis que la Seine devrait s'accroître de 142,000 à 145,000 âmes pour obtenir le même résultat.

Des inégalités plus marquées encore peuvent se rencontrer dans d'autres départements. C'est ainsi que l'Eure a pu, avec un accroissement de quelques milliers d'habitants seulement, nommer un député de plus, tandis que la Seine, malgré un accroissement bien autrement considérable, en a perdu un. — Une plus grande sévérité dans la confection des listes, les déplacements de domicile, si fréquents dans ces dernières années, et surtout la composition des populations nouvelles qui sont venues s'établir dans la capitale, suffisent pour expliquer ce qu'il y a d'anormal dans de pareilles différences.

Mais n'insistons pas sur un fait qui recevra plus loin tous les éclaircissements désirables.

Les inégalités que nous venons de constater dans le nombre proportionnel des électeurs, doivent-elles être attribuées, comme quelques publicistes l'ont prétendu, à l'arbitraire des fonctionnaires chargés de la confection des listes? Il suffit de lire les dispositions de la loi destinées à garantir les sincérités de ce travail, placé, il ne faut pas l'oublier, sous la surveillance de chaque citoyen, pour rejeter cette assertion. Mais nous irons plus loin et nous espérons prouver que les inégalités dont on se plaint sont le résultat des lois mêmes qui président à la composition des populations au point de vue du sexe et de l'âge, dans les diverses régions de l'empire. Il s'en faut de beaucoup, en effet, que cette composition soit uniforme dans chaque département. Dans un très-grand nombre, l'élément féminin domine; dans beaucoup les enfants dépassent la proportion afférente au département moyen. Il résulte de ces deux causes réunies que la proportion des adultes masculins, qui seuls fournissent leur contingent à la liste électorale, est loin d'être le même suivant les départements. Cette proportion, qui est pour la France de 31 p. 100, varie entre les départements de 39 à 26 p. 100.

Les études comparatives qu'il nous a été donné de faire sur les lois combinées de l'*état civil* et de la population, nous permettent d'affirmer que les départements où l'enfance domine se font remarquer par la fécondité de leurs mariages et la durée relativement faible de la vie moyenne de leurs habitants. L'élément adulte domine, au contraire, dans ceux où les mariages sont peu féconds. Ce sont, en effet, ces derniers qui, toute proportion gardée, ont la vie moyenne la plus longue.

Les départements de cette dernière catégorie sont en assez petit nombre; ce sont, dans l'ancienne Normandie, l'*Eure*, le *Calvados* et l'*Orne*; dans le midi: le *Gers*, le *Tarn-et-Garonne* et le *Lot-et-Garonne*; au centre: la *Charente-Inférieure*, l'*Indre-et-Loire* et la *Côte-d'Or*; enfin l'*Aube* et l'*Oise* au nord. Il est facile de voir, en consultant les tables mortuaires officielles, que chaque année ils occupent, dans ces tables, le sommet de l'échelle.

Or, on constate, dans notre tableau, qu'ils dépassent tous la moyenne en ce qui regarde la proportion des hommes de plus de 21 ans. Ajoutons que, spécialement agricoles pour la plupart, ils ne reçoivent qu'une faible immigration et que la population y est essentiellement *autochthone,* c'est-à-dire que, née dans le pays, elle ne l'a pas quitté. Il en résulte que la plus grande partie des individus que leur âge appelle à faire partie de la liste électorale, offrent, au plus haut degré, la garantie de domicile exigée par la loi.

Nous venons d'énumérer les départements où la proportion élevée des adultes s'explique par des considérations tirées de l'état civil; il nous reste à parler de ceux où l'élément adulte est égal ou même supérieur aux précédents, mais par des causes d'un ordre entièrement différent. Les voici dans l'ordre indiqué par notre tableau: *Bouches-du-Rhône, Gironde, Hérault, Rhône, Seine, Var.* Il n'est pas possible, pour ces départements, d'attribuer l'excédant considérable d'adultes masculins qu'ils présentent aux lois ordinaires du mouvement de la population. On peut voir notamment, dans les tables mortuaires, que la vie moyenne de leurs habitants est généralement au-dessous de la moyenne, et il est probable, si on n'avait à considérer que leur population sédentaire, qu'il faudrait leur appliquer les règles que nous avons posées précédemment; mais tout se trouve changé par un seul fait: *l'immigration.*

Ainsi, pour ne parler que de la Seine, le recensement de 1861 démontre que, pour un tiers d'habitants nés dans sa circonscription, deux tiers ont été fournis par les autres départements de l'empire et même par les pays étrangers. D'un autre côté, quand on étudie la composition de ces éléments extérieurs, on constate qu'ils se font remarquer par la prédominance à la fois du sexe masculin et des individus de ce sexe arrivés à l'âge adulte. Ajoutons que cette prédominance est telle, qu'elle affecte très-sensiblement la population générale.

Nous n'insisterons pas davantage sur les deux classes de départements où domine l'élément adulte masculin; quant aux départements où cette population est, au contraire, en *minorité,* un simple examen du tableau que nous analysons suffit pour démontrer que ce sont ceux où les mariages sont très-féconds, et où la vie moyenne est de faible durée. Nous citerons notamment les départements bretons, la plupart des départements pauvres du centre, le département du Nord et les deux départements de l'Alsace. Toutes ces régions se trouvent, au point de vue du rapport qui nous occupe, très au-dessous de la moyenne afférente à la France entière.

Peut-être, pour ne rien omettre, faut-il ajouter qu'en ce qui concerne le Haut et le Bas-Rhin, les départements pyrénéens et le Doubs, l'émigration contribue à expliquer, dans une certaine mesure, la diminution qui s'est produite dans cette partie de leur population.

III.

Le classement des départements relativement à la population masculine majeure étant ainsi déterminé, il s'agit d'étudier la marche de la population électorale, telle qu'elle résulte des listes officielles. C'est là le point qui appelle le plus vivement l'attention.

Or, si l'on veut bien rapprocher les rapports établis d'après ces listes de ceux qui ont été calculés d'après la table des âges, on ne peut s'empêcher d'être frappé du parallélisme qui existe entre les deux séries. En effet, qu'il s'agisse de la population mâle majeure ou des inscrits, les rapports s'élèvent ou s'abaissent dans le même sens. Il en résulte que les départements classés les premiers dans la série du plus grand nombre d'hommes de plus de 21 ans, sont ceux qui comptent le plus d'inscrits, et réciproquement; les départements ayant le moins des mâles majeurs comptent également le moins d'électeurs pour une population donnée.

C'est là la règle générale; mais elle ne s'applique pas, comme on devait s'y attendre, aux départements qui doivent le plus grand nombre de leurs adultes à l'immigration étrangère. Ces derniers sont en effet ceux qui, toute proportion gardée, offrent le plus petit nombre d'électeurs.

Cette exception, dont la valeur est telle que, pour trois départements de la même série, la marche des deux suites de rapports s'effectue dans un sens diamétralement opposé, trouve son explication dans un nouvel ordre d'idées. Je veux parler des restrictions apportées par la constitution à l'inscription de certaines catégories d'électeurs. Elles ont été énumérées plus haut, et on comprend *a priori* que c'est dans les grands centres de population, surtout dans un département aussi cosmopolite que la Seine, que ces cas d'exclusion doivent se produire au plus haut degré. Sans parler en effet des faillis, des condamnés, des étrangers, on conçoit que c'est dans ces localités que se réalisent le moins fréquemment les conditions de domicile exigées par la loi. Ces conditions sont surtout difficiles à remplir à Paris, principalement depuis que les immenses travaux accomplis sur tous les points de cette ville ont forcé un grand nombre d'habitants à se déplacer dans presque toutes les directions.

Or, il est évident qu'il ne saurait en être de même dans les départements habités presque exclusivement par des individus qui y sont nés, et n'ont pour ainsi dire jamais quitté leur demeure.

C'est pour cette raison qu'un certain nombre d'entre eux, comme l'Ariége, l'Aude, l'Aveyron, l'Indre, la Lozère, le Meuse, la Nièvre, la Haute-Saône, les Deux-Sèvres, etc., n'ont perdu que très-peu d'électeurs, ce qui leur assure un taux électoral encore assez élevé, bien que, pour la plupart, ils aient relativement le moins d'hommes de plus de 21 ans.

La conclusion générale à tirer de ces diverses observations, c'est que la liste électorale se rapproche de très-près de la liste générale des hommes de plus de 21 ans. Les éliminations légales ne portent, en effet, d'une manière notable que sur un nombre assez restreint de départements, et ce sont exclusivement ceux qui possèdent les grandes agglomérations.

L'élimination, qui varie de 4$\frac{1}{2}$ à 8 p. 100 habitants dans les Bouches-du-Rhône, la Gironde, la Loire-Inférieure, le Nord, le Rhône et la Seine-Inférieure, monte dans le Var à 12.53 et dans la Seine à près de 20 p. 100.

Ces rapports sont pris sur la population générale; mais on peut étudier le phénomène à un autre point de vue, en comparant directement les éliminations à la population mâle et majeure, base directe du suffrage universel. On voit alors que quelques départements, comme l'Ariége, l'Aude, la Creuse, l'Indre, la Haute-Saône, les Vosges et d'autres encore, appartenant tous à la catégorie des populations spécialement sédentaires, ne perdent pas plus de 1 à 4 électeurs p. 100, tandis que cette perte s'élève à 15 p. 100 et au delà dans la Loire-Inférieure et la Gironde, à

20 p. 100 dans les Bouches-du-Rhône, à 21 et 22 dans la Seine-Inférieure et le Nord, à 23 dans le Rhône, à 33 dans le Var et enfin à 54 dans la Seine.

Ainsi, pour ne s'arrêter que sur ce dernier point, le tiers des individus auxquels leur âge permettrait de voter, est éliminé des listes dans le Var, et, dans la Seine, cette proportion dépasse la moitié.

IV.

Pour résumer ce travail en quelques mots, nous croyons avoir démontré :

1º Que les lois ordinaires du mouvement de la population permettent de prévoir et de justifier les inégalités qui se produisent, selon les départements, dans la proportion des hommes de plus de 21 ans, les seuls auxquels leur âge donne le droit de voter, et que par cette raison nous avons appelés les *électeurs naturels*;

2º Que la liste électorale dressée par les maires est, aussi correctement que possible, conforme à celle des électeurs naturels dans tous les départements où la population est stationnaire ou ne s'accroît que par le jeu régulier des naissances et des décès.

Il n'y a d'exception à cette règle que pour ceux qui possèdent de grands centres et où les accroissements de population ne s'effectuent que par l'accession incessante d'éléments nomades ou étrangers.

DÉPARTEMENTS.	Rapport à la population générale			DÉPARTEMENTS.	Rapport à la population générale		
	des hommes majeurs.	des électeurs inscrits.	des éliminés.		des hommes majeurs.	des électeurs inscrits.	des éliminés.
Ain	31.56	27.91	3.65	Lot-et-Garonne	34.32	31.04	3.28
Aisne	31.13	27.36	3.77	Lozère	29.39	27.93	1.46
Allier	29.32	26.58	2.74	Maine-et-Loire	31.70	27.72	3.98
Alpes (Basses-)	33.42	29.89	3.53	Manche	30.60	26.15	4.45
Alpes (Hautes-)	30.60	27.30	3.30	Marne	32.19	28.16	4.03
Ardèche	29.19	26.74	2.45	Marne (Haute-)	32.16	29.65	2.51
Ardennes	32.01	27.64	4.37	Mayenne	31.75	28.65	3.10
Ariége	29.39	28.70	0.69	Meurthe	30.43	26.15	4.28
Aube	34.61	32.06	2.55	Meuse	30.95	29.28	1.67
Aude	31.18	30.37	0.81	Morbihan	28.78	24.18	4.60
Aveyron	29.94	27.37	2.57	Moselle	29.75	25.19	4.56
Bouches-du-Rhône	34.36	27.59	6.77	Nièvre	28.60	27.33	1.27
Calvados	31.70	28.18	3.52	Nord	29.82	23.58	6.29
Cantal	27.34	25.63	1.71	Oise	31.83	29.14	2.69
Charente	32.76	29.61	3.15	Orne	31.99	28.68	3.31
Charente-Inférieure	33.98	29.77	4.21	Pas-de-Calais	29.76	27.20	2.56
Cher	28.18	26.39	1.79	Puy-de-Dôme	31.84	28.05	3.79
Corrèze	28.17	26.71	1.46	Pyrénées (Basses-)	29.13	24.90	4.23
Corse	27.85	25.24	2.61	Pyrénées (Hautes-)	29.49	27.28	2.21
Côte-d'Or	32.44	30.13	2.31	Pyrénées-Orientales	30.66	26.39	4.27
Côtes-du-Nord	27.29	25.96	1.33	Rhin (Bas-)	26.82	24.43	2.39
Creuse	26.47	26.22	0.25	Rhin (Haut-)	26.84	24.92	1.92
Dordogne	30.81	27.56	3.25	Rhône	32.95	25.30	7.65
Doubs	30.68	27.83	2.85	Saône (Haute-)	30.20	29.12	1.08
Drôme	32.39	29.59	2.80	Saône-et-Loire	29.37	27.54	1.83
Eure	34.01	30.85	3.16	Sarthe	30.70	27.65	3.05
Eure-et-Loir	31.18	28.78	2.40	Seine	36.41	16.70	19.71
Finistère	28.41	24.15	4.26	Seine-et-Marne	32.61	25.36	6.25
Gard	31.66	29.56	2.10	Seine-et-Oise	32.29	27.82	4.47
Garonne (Haute-)	32.43	28.60	3.83	Seine-Inférieure	34.13	26.95	7.18
Gers	34.65	30.77	3.88	Sèvres (Deux-)	31.45	29.38	2.07
Gironde	32.03	26.93	5.10	Somme	31.03	28.76	2.27
Hérault	33.98	30.46	3.52	Tarn	31.64	30.09	1.55
Ille-et-Vilaine	29.15	25.07	4.08	Tarn-et-Garonne	33.85	32.20	1.65
Indre	28.53	27.42	1.11	Var	39.07	26.54	12.53
Indre-et-Loire	32.47	29.03	3.44	Vaucluse	31.86	29.93	1.93
Isère	29.63	27.44	2.19	Vendée	29.24	27.70	1.54
Jura	31.54	29.24	2.30	Vienne	30.77	27.90	2.87
Landes	28.78	26.53	2.25	Vienne (Haute-)	28.69	25.24	3.45
Loir-et-Cher	29.73	27.45	2.28	Vosges	29.05	27.96	1.09
Loire	28.42	26.04	2.38	Yonne	31.39	29.64	1.75
Loire (Haute-)	27.54	25.26	2.28	Départ. nou-veaux. Alpes-Marit.	31.26	28.41	2.85
Loire-Inférieure	29.71	25.38	4.33	Savoie	29.56	25.92	3.64
Loiret	29.25	26.65	2.60	Savoie (H^{te})	29.23	26.59	2.64
Lot	31.64	28.33	3.31	Moyennes	31.03	26.76	4.27

DE

LA MORTALITÉ DANS LES HOPITAUX DE PARIS.

Dans la discussion qui s'est élevée à la tribune et dans la presse à l'occasion de la reconstruction prochaine de l'Hôtel-Dieu dans la Cité, on s'est fortement préoccupé de la mortalité relative des différents établissements hospitaliers de Paris. Les débats ayant laissé sur ce point quelques doutes dans les esprits, nous avons pensé que la statistique pourrait, dans une certaine mesure, aider à les dissiper.

La première difficulté que présente une semblable recherche consiste à déterminer la véritable méthode d'évaluation de la mortalité hospitalière, à l'aide des documents publiés par l'administration de l'assistance publique. Il faut tenir compte, en effet, pour chaque établissement, de la répartition des malades d'après les âges, le sexe, etc., de la nature des maladies traitées, de l'état des malades admis, et d'autres faits analogues. Si l'on omet une seule de ces conditions, la comparaison peut devenir entièrement inexacte et conduire aux conclusions les plus erronées.

Cette considération nous a porté à exclure de nos rapprochements les hôpitaux spéciaux, les uns étant destinés à l'enfance, les autres aux accouchements et aux maladies des femmes, d'autres enfin au soulagement de maladies particulières qui, quoique très-graves, peuvent n'avoir qu'une faible action sur la mortalité[1].

Nous n'aurons donc à parler que des hôpitaux généraux qui reçoivent des malades des deux sexes et de tout âge, et qui traitent les maladies ordinaires de toute nature.

Peut-être ces établissements eux-mêmes sont-ils soumis à une spécialisation plus ou moins étendue; peut-être y a-t-il, entre eux, des différences au point de vue du degré de la maladie ou de la position de fortune des malades qu'ils reçoivent habituellement.

C'est aux praticiens qu'il appartient d'apprécier l'influence de ces causes sur la mortalité observée.

Les hôpitaux généraux de Paris sont au nombre de 8. En voici la nomenclature, avec le nombre moyen de lits que possède chacun d'eux.

Hôtel-Dieu	796	Necker	346
Pitié	594	Cochin	116
Charité	480	Beaujon	399
Saint-Antoine	330	Lariboisière	617

Ces nombres résultent d'une moyenne déduite de 8 années d'observations (1855-1862). Disons immédiatement que nous avons pris la même moyenne pour base de toutes les opérations qui vont suivre.

Si nous sommes parti de 1855, c'est qu'il n'y a eu, depuis cette année, aucun

---

1. Comme la syphilis à l'hôpital du Midi et les maladies de peau à l'hôpital Saint-Louis.

changement dans l'organisation des établissements dont la liste précède. Rappelons à ce sujet que l'hôpital Sainte-Marguerite a disparu en 1854, et que le service de l'hôpital Lariboisière a commencé vers le milieu de cette année.

Les hôpitaux généraux de Paris sont ouverts toute l'année, sans aucune interruption. Ils doivent à cette circonstance, de présenter une particularité qu'on ne doit pas rencontrer dans les hôpitaux où le service est moins régulier. C'est qu'en multipliant le nombre des lits par les 365 jours de l'année, on obtient le nombre total des journées de malade relevé sur leurs registres. Nous avons fait cette vérification, et constaté que les différences obtenues entre les journées ainsi calculées et le nombre réel des journées recueilli par l'administration, sont vraiment insignifiantes.

C'est là une observation importante, puisqu'elle permet de combler les lacunes que les états de situation de ces hôpitaux pourraient présenter à cet égard.

Le relevé exact des journées de malade donne le meilleur moyen d'évaluer la population moyenne de chaque hôpital. Il suffit, en effet, pour l'obtenir, de diviser les journées par les 365 jours de l'année. Ce n'est qu'à défaut de ce document, qu'il serait permis, au moins pour les hôpitaux permanents, de calculer. directement cette population en prenant la demi-somme des malades présents au 1er janvier et au 31 décembre de chaque année.

Le tableau suivant montre que les résultats obtenus à l'aide de cette dernière méthode se rapprochent assez sensiblement de ceux qu'on a déduits de l'observation directe.

Journées de présence.

	Journées de présence réelles.	Population moyenne.	Population moyenne calculée.	Journées de présence déduites de cette population.
Hôtel-Dieu	205,052	562	561	204,765
Pitié	160,216	439	439	160,235
Charité	124,614	341	341	124,465
Saint-Antoine	98,117	269	275	100,375
Necker	97,087	266	261	95,265
Cochin	24,949	68	65	23,725
Beaujon	85,335	234	233	85,045
Lariboisière	154,909	424	416	151,840
Services de médecine	950,279	2,603	2,591	945,715
Hôtel-Dieu	85,745	235	231	84,315
Pitié	56,627	155	152	55,480
Charité	50,607	139	133	48,545
Saint-Antoine	22,303	61	60	21,900
Necker	29,380	80	79	28,835
Cochin	17,607	48	47	17,155
Beaujon	60,638	166	160	58,400
Lariboisière	70,437	193	192	70,080
Services de chirurgie	393,344	1,077	1,054	384,710
Hôtel-Dieu	290,797	797	792	289,080
Pitié	216,843	594	591	215,715
Charité	175,221	480	474	173,010
Saint-Antoine	120,420	330	335	122,275
Necker	126,467	346	340	124,100
Cochin	42,556	116	112	40,880
Beaujon	145,973	400	393	143,445
Lariboisière	225,346	617	608	221,920
Services réunis	1,343,623	3,680	3,645	1,330,425

Les différences en moins portent presque partout sur la population calculée, et les journées de présence qu'on en déduit. Il en résulte que ce n'est pas aux extrémités de l'année que la population atteint le taux moyen. Le relevé par mois montre, en effet, que la population des hôpitaux est à son maximum au mois de mars, et qu'elle atteint son minimum au mois de juin.

On remarquera que le tableau qui précède établit la distinction des services au point de vue des soins médicaux ou chirurgicaux. Cette distinction, effectuée avec soin par l'administration, nous a paru devoir être conservée. Les conditions des deux services sont réellement très-différentes, comme on vient de le vérifier en ce qui concerne la population moyenne effective ou calculée. Cette différence se maintiendra, d'ailleurs, dans les autres comparaisons auxquelles doit nous amener notre sujet.

Nous venons d'établir ce qu'on doit enténdre par les journées de malade; et nous avons vu comment on pourrait, en l'absence d'une situation hospitalière donnée, suppléer à ce document important, par des évaluations très-approchées. Le second point du problème consiste à chercher la durée moyenne du traitement de chaque malade, c'est-à-dire le nombre de jours pendant lesquels il est soumis aux chances de mortalité que présente habituellement l'hôpital où il se trouve. — Il est nécessaire, dans ce but, de connaître les conditions du mouvement de la population dans un hôpital, et c'est ce qu'on découvre facilement en étudiant un *état de situation*.

Généralement, quand un hôpital est depuis quelque temps en plein exercice, il reste, au 1er janvier de chaque année, un certain nombre de malades, admis pendant les derniers mois de la précédente, et l'admission de nouveaux malades s'effectue dans le courant de la nouvelle année au fur et à mesure des évacuations. Les malades sortent de l'hôpital, soit par décès, soit par guérison, soit par changement de service, et ceux qui restent, tout en participant aux chances de l'année écoulée, sont appelés à éprouver celles de la suivante. — En fait, les malades soumis au traitement se composent de ceux qui sont restés à l'hôpital le 1er janvier, et de ceux qui ont été admis dans le courant de l'année, et cette somme s'annule par les sorties de toute nature, à la condition d'y ajouter les malades non guéris qui se trouvent encore à l'hôpital à la fin de l'année.

Il est facile de se convaincre que les journées de malade enregistrées par l'administration s'appliquent à tous les traités, qu'on les prenne à l'entrée ou à la sortie; car la population moyenne n'est que la résultante du nombre des malades de chaque jour de l'année, et si ce nombre était toujours égal à lui-même, il suffirait, pour l'obtenir, de prendre la population d'un jour quelconque de l'année. — Or, on sait que le total des journées de malade s'obtient en multipliant la population moyenne par les 365 jours qui la composent.

Le total des journées de malade enregistrées s'appliquant, comme on vient de le voir, à l'ensemble des traités, il est clair que la durée du séjour de chaque malade à l'hôpital doit s'obtenir en divisant le premier nombre par le second.

Le tableau suivant donne, pour chaque service et pour les services réunis, le résultat de ce calcul.

Durée moyenne du séjour.

	Journées de présence.	Nombre total des malades traités.	Durée moyenne du séjour.
			Jours.
Hôtel-Dieu	205,052	10,049	20.44
Pitié	160,216	8,032	19.95
Charité	124,614	5,622	22.16
Saint-Antoine	98,117	5,289	18.55
Necker	97,087	5,733	16.93
Cochin	24,949	1,303	19.15
Beaujon	85,335	4,582	18.62
Lariboisière	154,909	7,080	21.88
Services de médecine . . .	950,279	47,690	19.93

	Journées de présence.	Nombre total des malades traités.	Durée moyenne du séjour.
			Jours.
Hôtel-Dieu	85,745	3,491	24.56
Pitié	56,627	2,084	27.17
Charité	50,607	2,563	19.75
Saint-Antoine	22,303	1,080	20.65
Necker	29,380	1,193	24.63
Cochin	17,607	637	27.64
Beaujon.	60,638	2,049	29.59
Lariboisière	70,437	2,977	23.66
Services de chirurgie . . .	393,344	16,074	24.47

Hôtel-Dieu	290,797	13,540	21.48
Pitié	216,843	10,116	21.44
Charité	175,221	8,185	21.41
Saint-Antoine	120,420	6,369	18.91
Necker	126,467	6,926	18.68
Cochin	42,556	1,940	21.94
Beaujon.	145,973	6,631	22.01
Lariboisière	225,346	10,057	22.44
Services réunis	1,343,623	63,764	21.07

On conclut de ce tableau, que les malades dans les services médicaux restent généralement moins de temps à l'hôpital que ceux qui ont été admis dans les services de chirurgie. — La Charité est le seul établissement qui présente une exception, et nous avons pu nous assurer qu'elle s'y produit à peu près chaque année. En effet, le séjour des malades proprement dits est en moyenne de 22.16 jours, et celui des malades soumis aux opérations chirurgicales de 19.75; tandis que, pour tous les hôpitaux réunis, les malades de la première catégorie restent 19.93 jours (soit 20 jours), et ceux de la seconde 24.4 jours (ou 24 ½ jours), c'est-à-dire environ 4 jours ½ de plus. En résumé, les malades des deux services réunis restent à l'hôpital 21 jours environ. — C'est à Necker que les malades proprement dits restent le moins longtemps; c'est à la Charité qu'ils restent le plus. — Dans les services chirurgicaux, le séjour le plus long a lieu à Beaujon, et le plus court à la Charité.

Enfin, pour les deux services, le maximum du séjour est à Lariboisière, et le minimum à Necker.

Dans les hôpitaux (et cette observation s'applique également aux prisons, aux hospices, aux services d'aliénés, etc.), les décès sont relatifs au temps passé dans l'établissement. Ce n'est que pendant ce temps, en effet, que les malades sont soumis aux chances de mortalité qui lui sont propres. — Une fois sortis, ils rentrent dans la population générale, et leurs chances mortuaires ne sont plus que celles qui s'appliquent à cette population, et dépendent du sexe, de l'âge, du degré de bien-être et des conditions climatériques ou autres des divers milieux qu'elle habite.

On aurait donc le plus grand tort, quand il s'agit d'établissements de cette nature, de rapporter les décès à la population moyenne observée, car ce serait attribuer aux personnes admises dans ces établissements les chances de mortalité qui les affectent, *pendant l'année tout entière*, lorsqu'ils n'y sont soumis en réalité que pendant un temps plus ou moins limité, qui, dans le cas qui nous occupe, ne dépasse pas 21 jours.

Cette considération prouve qu'il n'y a pas de comparaison directe possible entre la mortalité qu'on constate dans les hôpitaux et autres établissements analogues et celle qui s'applique à la population générale d'un pays. Pour cette dernière, en effet, les décès doivent être rapportés à l'unité de temps, à l'année, tandis que, dans les établissements hospitaliers, ils dépendent essentiellement du temps qu'on y a passé, et ne s'appliquent, par conséquent, qu'à la durée du séjour.

S'il est vrai, comme on vient de le voir, qu'il n'y a pas d'analogie entre la mortalité des malades d'un hôpital et la mortalité d'une population donnée, rien n'empêche de comparer entre eux, à ce point de vue, les établissements placés dans des conditions à peu près identiques, et c'est le cas des huit hôpitaux généraux qui nous occupent.

Pour ces huit hôpitaux réunis, et pour l'ensemble de leurs services, le nombre annuel des décès s'est élevé à 6,931 et ces décès ont porté sur 1,343,623 journées de malade. — La chance de mort pour chaque journée de malade s'est donc élevée à $\frac{6,931}{1,343,623}$, c'est-à-dire à 0.005158.

Cette chance est variable suivant les hôpitaux et les divers services, ainsi qu'il résulte du tableau suivant :

	Décès annuels.	Journées de présence.	Coefficient mortuaire de chaque journée de malade.
Hôtel-Dieu	1,263	205,052	0.006159
Pitié	1,076	160,216	0.006746
Charité	690	124,614	0.005537
Saint-Antoine	596	98,117	0.006074
Necker	675	97,087	0.006952
Cochin	153	24,949	0.006133
Beaujon	601	85,335	0.007043
Lariboisière	1,003	154,909	0.006475
Services de médecine	6,057	950,279	0.006374
Hôtel-Dieu	164	85,745	0.001913
Pitié	129	56,627	0.002278
Charité	95	50,607	0.001877
Saint-Antoine	66	22,303	0.002959
Necker	71	29,380	0.002417
Cochin	38	17,607	0.002158
Beaujon	137	60,638	0.002259
Lariboisière	174	70,437	0.002470
Services de chirurgie	874	393,344	0.002222

Hôtel-Dieu.	1,427	290,797	0.004907
Pitié	1,205	216,843	0.005557
Charité.	785	175,221	0.004480
Saint-Antoine	662	120,420	0.005497
Necker.	746	126,467	0.005898
Cochin.	191	42,556	0.004488
Beaujon	738	145,973	0.005056
Lariboisière	1,177	225,346	0.005223
Services réunis	6,931	1,343,623	0.005158

Telles sont les chances de mort qui s'appliquent, dans chaque hôpital et dans chaque service, à chaque journée de maladie. — Cette expression directe permet de classer ainsi qu'il suit chacun de ces établissements d'après leur degré de salubrité présumé :

Services de médecine.		Services de chirurgie.		Services réunis.	
Établissements.	Mortalité par journée de malade.	Établissements.	Mortalité par journée de malade.	Établissements.	Mortalité par journée de malade.
Beaujon.	0.007043	Saint-Antoine. .	0.002959	Necker	0.005898
Necker	0.006952	Lariboisière . .	0.002470	Pitié	0.005557
Pitié	0.006716	Necker	0.002417	Saint-Antoine. .	0.005497
Lariboisière . .	0.006475	Pitié	0.002278	Lariboisière . .	0.005223
Hôtel-Dieu . . .	0.006159	Beaujon.	0.002259	Beaujon.	0.005056
Cochin	0.006133	Cochin	0.002158	Hôtel-Dieu . . .	0.004907
Saint-Antoine. .	0.006074	Hôtel-Dieu . . .	0.001913	Cochin	0.004488
Charité	0.005537	Charité	0.001877	Charité	0.004480
	0.006374		0.002222		0.005158

On en conclut que les chances de mortalité sont à peu près trois fois moindres dans les services de chirurgie que dans ceux de médecine.

Pour tous les services, le premier rang, au point de vue des conditions hygiéniques, paraît appartenir à la Charité, et le dernier, à l'hôpital Necker. — Dans le service de la médecine, le dernier rang est occupé par Beaujon, et dans l'autre service, par l'hôpital Saint-Antoine. — Il est d'ailleurs remarquable que le nouvel hôpital de Lariboisière, établi avec tant de soins et une certaine magnificence, soit plus mal placé sous ce rapport que le vieil Hôtel-Dieu dont la démolition est résolue.

Le tableau que nous venons d'analyser exprime, comme on vient de le voir, les chances mortuaires applicables, suivant le service, à chacun des huit hôpitaux généraux de Paris.

Il s'agit maintenant de rechercher celles qui s'appliquent aux malades eux-mêmes, et c'est par là que nous terminerons.

Nous avons vu que, pour tous les hôpitaux réunis, on compte 0.005158 décès pour chaque journée de maladie.

Nous savons d'ailleurs que chaque malade compte à l'hôpital 21.07 journées.

Il en résulte que le nombre de décès qui s'applique à 21 journées de maladie, ou, en d'autres termes, à *un malade*, est de 0.005158×21.07 ou 0.1087, ce qui amène le taux mortuaire de 100 malades à 10.87.

En appliquant ce calcul aux divers hôpitaux et services, on obtient les résultats suivants :

Mortalité pour 100 malades.

	Services de médecine.		Services de chirurgie.		Services réunis.	
	Mortalité pour 100 malades.	Numéro de classement.	Mortalité pour 100 malades.	Numéro de classement.	Mortalité pour 100 malades.	Numéro de classement.
Hôtel-Dieu	12.57	4	4.70	7	10.54	5
Pitié.	13.40	2	6.19	2	11.91	1
Charité.	12.27	5	3.71	8	9.59	8
Saint-Antoine	11.27	8	6.11	3	10.39	6
Necker.	11.77	6	5.95	5	11.02	4
Cochin.	11.74	7	5.97	4	9.85	7
Beaujon	13.12	3	6.69	1	11.13	3
Lariboisière	14.17	1	5.84	6	11.70	2
	12.70		5.44		10.87	

Le premier résultat à déduire de ce tableau, c'est que les chances de mortalité sont de deux à trois fois plus considérables pour les malades ordinaires que pour ceux qui sont soumis aux opérations chirurgicales. Si l'on considère l'ensemble des services, on voit que c'est à la Pitié que les malades sont le plus exposés, et à la Charité, qu'ils le sont le moins. On remarquera combien sont mauvaises à cet égard les conditions de deux hôpitaux renommés, Lariboisière et Beaujon, et combien sont bonnes, au moins relativement, celles de l'Hôtel-Dieu.

Les rapports qui viennent d'être trouvés, en combinant le taux mortuaire de chaque hôpital avec la durée du séjour des malades qui y sont traités, sont absolument les mêmes que ceux qu'on obtient en divisant les décès par les malades traités, et on devait s'y attendre, puisque, dans notre double opération, il y a un facteur commun, *les journées de présence.* On ne pouvait trouver une confirmation plus complète de l'exactitude de ce dernier procédé, qui est, comme on le sait, le plus généralement adopté.

L'assistance publique de Paris, dans le compte moral qu'elle dresse chaque année, procède autrement en évaluant le séjour moyen, ou la mortalité, à l'aide des malades sortis, par décès ou par guérison, sans faire attention qu'elle laisse en dehors de ses calculs, les malades présents au 31 décembre de chaque année; il est certain cependant que ces malades ont contribué, pour leur part, aux journées de présence, et ont participé aux chances de mortalité de l'hôpital à partir du jour où ils y sont entrés.

L'INDUSTRIE PARISIENNE

D'APRÈS

L'ENQUÊTE DE LA CHAMBRE DE COMMERCE EN 1860.

L'enquête entreprise sur l'état de l'industrie à Paris en 1860, par la Chambre de commerce de Paris, est un des plus beaux monuments élevés à la statistique. Nous nous proposons d'en faire connaître, très-sommairement, les principaux résultats.

Disons d'abord que cette enquête ne comprend que l'industrie proprement dite, c'est-à-dire les professions appliquées à la transformation de la matière première et donnant lieu à un travail manuel. Les négociants, commissionnaires et marchands en ont donc été exclus.

Ce premier point déterminé par la commission chargée du travail, l'industrie de la capitale a été divisée en dix groupes, dans chacun desquels ont été réunies les industries similaires. Le 10ᵉ groupe, à raison de la diversité des industries qui le composent, a été lui-même subdivisé en six parties.

Voici les classifications adoptées : 1° alimentation ; — 2° bâtiment ; — 3° ameublement ; — 4° vêtement ; — 5° fils et tissus ; — 6° acier, fer, cuivre, zinc, plomb, etc. ; — 7° or, argent, platine, etc. ; — 8° industries chimiques et céramiques ; — 9° imprimerie, gravure et papeterie ; — 10° industries diverses comprenant : 1) instruments de précision, instruments de musique et d'horlogerie ; 2) peaux et cuirs ; 3) carrosserie, sellerie et équipements militaires ; 4) boissellerie, vannerie et brosserie ; 5) articles de Paris ; 6) industries non groupées. Une section spéciale a été réservée aux entrepreneurs façonniers, et une autre section à quelques établissements et services publics qui ont paru motiver, en raison de leur importance, une enquête spéciale.

Chacune des industries de Paris a été l'objet d'un tableau statistique spécial. Ces statistiques, ainsi fractionnées, ont ensuite été réunies pour chacun des dix groupes qu'on vient d'énumérer, et un tableau récapitulatif final a résumé l'ensemble des faits recueillis en ce qui les concerne.

C'est ce tableau récapitulatif qui fera l'objet de l'étude qui va suivre. Elle comprendra successivement : le nombre des établissements ; celui des industriels ; l'importance des affaires ; les loyers ; le nombre des ouvriers ; leurs salaires ; la durée de leur travail ; celle de leurs chômages ; leurs mœurs et habitudes ; les forces motrices et, enfin, les débouchés. Nous renvoyons à un second travail l'analyse des recherches de la Chambre sur les établissements et services publics.

I. NOMBRE DES ÉTABLISSEMENTS.

Le nombre des établissements ou des patrons recensés est de 101,171, ainsi répartis entre les dix groupes d'industrie :

1° Alimentation	29,069	29 p.100.		*Report*	75,113	74 p.100.
2° Bâtiment	5,378	5 —		8° Industries chimiques et céramiques	2,719	3 —
3° Ameublement	7,391	7 —		9° Imprimerie, gravure et papeterie	2,759	3 —
4° Vêtement	23,800	24 —		10° Industries diverses	20,580	20 —
5° Fils et tissus	2,836	3 —			101,171	100 —
6° Gros métaux	3,440	3 —				
7° Métaux précieux	3,199	3 —				
A reporter	75,113	74 —				

L'indication de la répartition des industries dans les divers arrondissements exigerait des développements qui ne sauraient figurer ici; bornons-nous à faire remarquer, d'après l'enquête, que les principales industries se localisent encore aujourd'hui dans des quartiers bien déterminés, et cela malgré les grands travaux de percement qui tendent à modifier profondément les moyens de communication entre les divers quartiers.

Le 1er groupe (*alimentation*) renferme 24 industries diverses, dont les principales sont les bouchers, les boulangers, les traiteurs et les marchands de vins. Ces derniers sont au nombre de 9,750 et forment le tiers du groupe entier.

2e groupe (*bâtiment*), 15 industries, parmi lesquelles on peut citer, par ordre d'importance, les menuisiers, les serruriers, les peintres et les maçons.

3e groupe (*ameublement*), 26 industries, dont les principales sont les ébénistes, les fabricants de fauteuils, les tapissiers et les monteurs en bronze.

4e groupe (*vêtement*), 27 industries, parmi lesquelles on doit compter principalement les blanchisseurs de linge, les cordonniers, les couturières, les tailleurs et les lingères.

Le 5e groupe (*fils et tissus*) se compose d'industries diverses dont les produits sont en général fabriqués en province et viennent recevoir à Paris une dernière main-d'œuvre. C'est dans ce groupe que figurent notamment les fabrications des châles et de la passementerie.

6e groupe (*gros métaux*), 29 industries diverses, parmi lesquelles on distingue les mécaniciens constructeurs de machines, les chaudronniers, les couteliers, les ferblantiers et les taillandiers.

7e groupe (*métaux précieux*), 21 industries. La bijouterie fine (738 ateliers), la bijouterie fausse (446), leurs professions annexes, dorure, polissage, brunissage (627), constituent les plus importantes de ce groupe.

8e groupe (*industries chimiques et céramiques*), 2,719 établissements, dont 753 consacrés à la préparation des produits pharmaceutiques et 207 à la daguerréotypie et à la photographie. Les autres sont consacrés à la parfumerie.

9e groupe (*imprimerie, gravure, papeterie*), 2,759 établissements, dont les plus importants sont ceux des relieurs, des imprimeurs et des fabricants d'objets de bureau. On distingue dans ce groupe la spécialité des images, estampes et cartes géographiques, qui fournit 294 industriels.

Le 10e groupe, comprenant les *instruments de précision, instruments de musique et horlogerie, peaux et cuirs, carrosserie, sellerie et équipements militaires, bois-*

2

sellerie, vannerie et brosserie, articles de Paris, industries non groupées, ne renferme pas moins de 66 industries diverses, parmi lesquelles *l'article Paris* occupe
à lui seul 5,140 établissements, et les industries non groupées 9,402.

II. NOMBRE DES INDUSTRIELS.

Le nombre des fabricants recensés (égal à celui des établissements) est de
101,171, se divisant comme suit :

7,492 occupant plus de 10 ouvriers	....	7.40
31,480 — de 2 à 10 ouvriers	....	31.08
62,199 — 1 ouvrier ou travaillant seul	.....	61.52
101,171		100.00

Ces résultats indiquent l'extrême fractionnement de l'industrie dans la capitale.
Ce fractionnement est, d'ailleurs, variable suivant les groupes, comme on peut s'en
assurer par le tableau suivant :

Nombres absolus.

Industriels occupant	1ᵉ Alimentation.	2ᵉ Bâtiment.	3ᵉ Ameublement.	4ᵉ Vêtement.	5ᵉ Fils et tissus.	6ᵉ Gros métaux.	7ᵉ Métaux précieux.	8ᵉ Industries chimiques et céramiques.	9ᵉ Imprimerie, gravure et papeterie.	10ᵉ Industries diverses.	Totaux.
Plus de 10 ouvriers	316	1,121	727	1,666	520	495	454	304	372	1,517	7,492
De 2 à 10 ouvriers	6,841	2,769	3,006	6,703	896	1,481	1,362	1,043	1,020	6,359	31,480
1 ouvrier ou travaillant seul	21,912	1,488	3,658	15,431	1,420	1,464	1,383	1,872	1,367	12,704	62,199
	29,069	5,378	7,391	23,800	2,836	3,440	3,199	2,719	2,759	20,580	101,171

Nombres proportionnels.

Industriels occupant	1ᵉ	2ᵉ	3ᵉ	4ᵉ	5ᵉ	6ᵉ	7ᵉ	8ᵉ	9ᵉ	10ᵉ	Totaux.
Plus de 10 ouvriers	1	21	10	7	18	14	14	11	13	7	7
De 2 à 10 ouvriers	24	51	40	28	32	43	43	38	37	31	31
1 ouvrier ou travaillant seul	75	28	50	65	50	43	43	51	50	62	62
	100	100	100	100	100	100	100	100	100	100	100

Il résulte de ces rapprochements que la grande industrie porte principalement
sur le 2ᵉ, le 5ᵉ, le 6ᵉ, le 7ᵉ et le 9ᵉ groupe (bâtiment; fils et tissus; métaux ordinaires ou précieux; imprimerie).

Dans l'industrie moyenne figurent également le bâtiment; les métaux; les industries chimiques et l'imprimerie.

La petite industrie (1 ou 0 ouvrier) comprend les établissements des 1ᵉʳ, 4ᵉ et
10ᵉ groupes, c'est-à-dire l'alimentation, le vêtement et les industries diverses,
comprises sous la dénomination *d'article Paris*.

Dans l'industrie parisienne, les femmes figurent pour un chiffre considérable
parmi les chefs d'entreprises.

On en a trouvé 33 p. 100 dans le groupe du vêtement; 20 dans le groupe des
fils et tissus; 3 dans le groupe de l'alimentation.

Cette proportion est insignifiante pour les autres groupes.

III. IMPORTANCE DES AFFAIRES.

D'après l'état récapitulatif des dix groupes d'industries, la valeur totale des affaires
déclarées pour 1860 s'est élevée à 3,369,092,949 fr.

Le tableau suivant fait connaître la répartition de ce chiffre pour chaque groupe,
ainsi que la moyenne d'affaires par établissement :

	Importance des affaires.		Proportion dans l'ensemble.	Moyenne d'affaires par établissement.
1° Alimentation.	1,087,904,367		32.29	37,425
2° Bâtiment.	315,266,477		9.36	58,695
3° Ameublement	199,825,948		5.93	27,037
4° Vêtement	454,538,168		13.49	19,098
5° Fils et tissus.	119,998,751		3.56	42,313
6° Gros métaux.	163,852,428		4.87	47,631
7° Métaux précieux.	183,390,553		5.45	57,327
8° Industries chimiques et céramiques.	193,616,349		5.75	71,208
9° Imprimerie, gravure et papeterie.	94,166,528		2.79	34,130
10° 1° Instruments de précision, de musique et horlogerie	66,040,233	1.96		29,300
2° Peaux et cuirs	100,881,795	3.00		147,273
3° Carrosserie et équipements militaires	93,849,195	2.78	16.51	53,998
4° Boissellerie, vannerie, bronzerie.	27,075,323	0.80		19,792
5° Articles de Paris.	127,546,540	3.78		24,814
6° Industries non groupées	141,140,294	4.19		15,012
	3,369,092,949		100.00	33,301

Voici, pour chacun des dix groupes, les faits particuliers qui offrent le plus d'intérêt :

1er Groupe. — *Alimentation.* — Les marchands de vins figurent pour 18 p. 100 dans l'ensemble du 1er groupe; les bouchers et les épiciers pour une proportion à peu près égale; les restaurateurs pour 10 p. 100; quant au chiffre afférent à la boulangerie, il doit être augmenté des livraisons faites par les établissements publics qui ont été l'objet d'une enquête spéciale. Une observation analogue doit être faite pour le commerce de la fruiterie auquel n'ont pu être attribuées les ventes faites directement au consommateur dans les halles centrales et spécialement recensées. Malgré ces restrictions, le groupe de l'alimentation représente à lui seul le tiers des affaires réalisées par l'industrie de Paris.

2e Groupe. — *Bâtiment.* — Les maçons figurent pour 38 ½ p. 100 dans l'ensemble des affaires de ce groupe, qui comprend, en dehors des industries qui y sont recensées, plusieurs industries accessoires concourant à l'achèvement des bâtiments. Ces industries, parmi lesquelles nous citerons la marbrerie, les papiers peints, les moulures, la miroiterie, la plomberie et les appareils d'éclairage, ont dû être classées dans le groupe *ameublement.* Si l'on tient compte des résultats constatés pour chacune d'elles, on trouve que l'importance des affaires du bâtiment ne s'est pas élevée, en 1860, à moins de 400 millions de francs en chiffre rond. Ce chiffre tout exceptionnel est dû à l'active direction imprimée par l'administration municipale aux travaux d'embellissement de Paris.

3e Groupe. — *Ameublement.* — Les quatre industries principales de ce groupe sont : l'ébénisterie, qui ne représente pas moins de 24 p. 100 du total des affaires déclarées; le bronze, qui, avec ses ateliers accessoires, fonderie, ciselure, monture, tournure, dorure, y figure pour 19 p. 100; la tapisserie pour 12 ½ p. 100; les papiers peints pour 9 p. 100. L'article de l'ameublement fabriqué à Paris, accueilli avec faveur sur les marchés étrangers, constitue un des éléments importants de notre commerce d'exportation.

4e Groupe. — *Vêtement.* — Deux industries absorbent à elles seules 40 p. 100 du chiffre total : les tailleurs 22 p. 100, les cordonniers 18. L'élégance des produits de ce 4ᵉ groupe leur assure, comme pour l'ameublement, de faciles et avantageux débouchés, qui vont s'accroissant chaque année.

5ᵉ Groupe. — *Fils et tissus.* — Ce groupe, qui ne se constitue, en dehors de la passementerie et de quelques autres industries, que des ateliers accessoires, les fabriques proprement dites fonctionnant hors Paris, ne présente, au point de vue des affaires, que peu d'intérêt. On ne saurait omettre toutefois le chiffre attribué aux dessinateurs industriels (3,213,670 fr.). Ce chiffre représente exclusivement, en l'absence de toute matière première, le prix d'un travail artistique. — En dehors de l'industrie des tissus, les ameublements, bronzes, orfévrerie, bijouterie fournissent également au talent de nos artistes un aliment considérable. Ce fait est de nature à encourager les efforts du gouvernement et de la ville pour la multiplication des écoles de dessin et le perfectionnement de nos arts industriels.

6ᵉ Groupe. — *Gros métaux.* — La construction des machines absorbe à elle seule 30 p. 100 du total des affaires de ce groupe composé d'industries si multiples. Les industries qui lui sont accessoires, la fonderie et la chaudronnerie, y figurent pour 21 p. 100. On peut constater, dans les résultats fournis par la ferblanterie et la poterie, l'usage chaque jour plus répandu des menus articles domestiques. L'armurerie n'offre qu'un chiffre restreint de produits; mais il est nécessaire de faire remarquer que les établissements d'armes et d'équipements militaires ne sont point compris dans le groupe, et que la fabrication de Paris est exclusivement appliquée aux armes de précision et de luxe. Une industrie, à son début, celle des machines à coudre, a été recensée pour 2,118,300 fr. Les machines à coudre, dont le nombre s'accroît rapidement, sont appelées, dans un temps très-prochain, à opérer une transformation complète et très-favorable du travail des femmes.

7ᵉ Groupe. — *Métaux précieux.* — Ce groupe est relativement peu important comme main-d'œuvre. Si on le compare, en effet, avec le groupe *ameublement* dont il se rapproche le plus par le chiffre des affaires, on trouve qu'il comprend un bien moins grand nombre d'ouvriers (3,199 contre 7,391). Les affaires de ce 7ᵉ groupe ont donc pour élément principal la valeur des matières premières qui forment la base du travail des industries dont elle se compose. Le développement de l'orfévrerie de cuivre et de maillechort et de la bijouterie fausse, par suite de l'application à ces industries des procédés électro-chimiques, mérite d'être signalé. La première de ces industries était représentée à l'enquête de 1849 par un chiffre de 1,773,300 fr.; elle a été recensée en 1860 pour 9,668,800 fr.; — la seconde, pour 6,525,332 fr. en 1849, et pour 18,028,460 fr. en 1860.

8ᵉ Groupe. — *Industries chimiques et céramiques.* — Ce groupe est loin de présenter, dans la nature de ses produits, la même homogénéité que le précédent; il comprend à la fois de très-importantes et de très-modestes industries, de grandes usines et de petits ateliers. Les industries les plus importantes de ce groupe comprennent la fabrication des produits pharmaceutiques et chimiques, les établissements qui concourent à l'éclairage, et la parfumerie. La porcelaine fabriquée hors de Paris y vient seulement recevoir un travail de décoration d'une valeur de 5,373,100 fr., dans lequel une assez notable part est réservée à l'industrie des femmes. Le chiffre de la photographie (6,547,410 fr.) prouve combien cette industrie artistique est répandue à Paris.

9ᵉ Groupe. — *Imprimerie, gravure et papeterie.* — Ce groupe, limité à une industrie spéciale, donne le chiffre le moins important d'affaires, soit 2.79 p. 100 du total. L'industrie du lavage et de la préparation des chiffons, qui en constitue l'élément essentiel, n'y figure que pour 5,775,000 fr. Après les imprimeries typographique et lithographique qui, réunies, donnent 18 p. 100 de l'ensemble, les fournitures de bureau et la papeterie de luxe se signalent par l'importance de leur production. Le développement de ces spécialités s'explique par l'accroissement des affaires en général et de l'échange des correspondances du monde élégant.

10e Groupe. — Ce groupe comprend, comme on sait, six subdivisions principales assez homogènes, moins toutefois la sixième, réservée aux industries qui n'ont pu trouver place dans les autres cadres de l'enquête.

1° *Instruments de précision, de musique et horlogerie.* — La réunion de ces diverses branches de fabrication donne une production totale de 66,040,233 fr. : l'horlogerie y concourt pour 18,883,880 fr. ou 28 ½ p. 100; les instruments de précision et d'optique pour 15,861,720 fr. ou 24 p. 100; les instruments de musique de toute sorte, à cordes ou à vent, en bois et en métal, pour 22,270,973 fr. ou 33 p. 100. L'industrie des phares, comprise dans cette subdivision, y est portée pour 3,865,000 fr.

2° *Peaux et cuirs.* — Cette fabrication produit un chiffre total de 100,881,795 fr. La tannerie, l'industrie la plus importante du groupe, donne 35,887,695 fr. ou plus de 34 p. 100; les cuirs 23,128,950 ou 23 p. 100; la corroyerie 17,358,450 fr. ou à peu près 17 p. 100. Viennent ensuite les maroquineries et les fabriques des cuirs vernis. Les communes annexées ont fourni au recensement d'importants établissements dans cette spécialité.

3° *Carrosserie et équipements militaires.* — L'importance des affaires du groupe est de 93,849,195 fr. La carrosserie est comprise dans ce résultat pour 25,117,700 fr. ou 27 p. 100; la sellerie pour 12,274,260 fr. ou 13 p. 100; la fabrication des équipements militaires, concentrée dans un nombre relativement restreint d'établissements, pour 23,117,000 fr.; les layetiers-emballeurs, dont la multiplication des lignes de fer et le développement de l'exportation ont accru rapidement le nombre depuis quelques années, pour 18,720,860 fr.

4° *Boissellerie, vannerie, brosserie.* — Cette subdivision, qui embrasse une industrie très-restreinte, a fait en 1860 pour 27,075,353 fr. d'affaires, dont 11,712,510 fr. pour la brosserie seulement.

5° *Articles de Paris.* — Dans les industries que renferme ce groupe (127,546,540 fr. d'affaires), l'article des fleurs artificielles tient le premier rang; ses produits s'élèvent à la somme de 28,082,013 fr. Viennent ensuite les parapluies et ombrelles, représentant 18,344,930 fr.; la tabletterie, 11,085,137 fr.; les coiffures, 10,216,377 fr.; le cartonnage et le pastillage, 8,929,950 fr.; la bimbeloterie, 8,534,990 fr.; les portefeuilles et articles de maroquinerie, 7,104,200 fr.; les boutons de métal et tissu, 6,463,000 fr.; la plumasserie, 5,551,900 fr.; la fabrication de peignes, 5,360,900 fr.; les nécessaires, 5,086,253 fr.; les boutons en corne et nacre, 4,763,850 fr.; les éventails, 4,763,440 fr.; les gaînes, 2,810,700 fr.; les articles de pêche, 448,900 fr. Dans chacun de ces chiffres figure une somme importante de salaires payés à des ouvriers dont le goût et l'intelligence représentent un précieux capital. L'enquête a constaté la prospérité de l'*article Paris*, qui est, pour le pays, une source de bien-être à l'intérieur et l'objet d'un commerce d'exportation considérable.

6° *Industries non groupées.* — On a recensé sous cette dénomination toutes les industries qui n'ont pas paru pouvoir se rattacher à un des groupes précédents. Ces industries, sans aucun rapport entre elles, donnent comme importance d'affaires un total de 141,140,294 fr. On peut signaler comme les plus importantes les industries des bois et charbons en gros et au détail qui comptent pour près de 60 millions de francs; les hôtels et appartements meublés pour plus de 39 millions. Les voitures de remise et de place, qui ne comprennent ni les omnibus, ni le service de la Compagnie impériale, ont déclaré un produit de près de 10 millions. Les maraîchers, dont le nombre se restreint chaque jour à l'intérieur de Paris, ont donné 4,933,239 fr.; les horticulteurs et jardiniers, 2,671,330 fr.; les établissements de bains chauds, qui se sont multipliés depuis la dernière enquête, 3,669,670 fr.; les bains froids, le dixième à peine, soit 345,000 fr.[1]

IV. LOYERS.

Les loyers payés par l'industrie de Paris se sont élevés en 1860 à la somme totale de 107,390,710 fr. Cette somme résulte tant des déclarations des industriels locataires que des estimations faites de la valeur locative des lieux occupés par les industriels propriétaires. Ce chiffre, rapporté à la valeur totale des affaires, donne une proportion de 3.18 p. 100.

Le tableau suivant indique la valeur des loyers par groupe d'industries, rapprochée de sa part dans le chiffre total des affaires.

	Montant des loyers.	Proportion dans l'ensemble des loyers.	Proportion dans l'importance des affaires.	Loyer par établissement.
1° Alimentation	35,222,976 f	32.80	3.24 p .100.	1,212 f
2° Bâtiment	5,489,185	5.12	1.74 —	1,021
3° Ameublement	6,590,064	6.14	3.30 —	892
4° Vêtement	16,040,810	14.94	3.53 —	674
5° Fils et tissus	2,914,509	2.72	2.43 —	1,028
6° Gros métaux	4,130,829	3.85	2.52 —	1,201
7° Métaux précieux	2,782,641	2.59	1.52 —	870
8° Industries chimiques et céramiques	4,635,371	4.31	2.39 —	1,705
9° Imprimerie, gravure et papeterie	2,815,801	2.62	2.99 —	1,021
10° 1° Instruments de précision, de musique et horlogerie	2,014,034	1.87	3.05 —	896
2° Peaux et cuirs	997,730	0.93	0.95 —	1,456
3° Carrosserie et équipements militaires	2,773,132	2.58	2.95 —	1,595
4° Boissellerie, vannerie, bronzerie	919,184	0.85	3.31 —	672
5° Articles de Paris	4,571,879	4.26	3.50 —	890
6° Industries non groupées	15,492,565	14.42	4.58 —	1,648
	107,390,710	100.00	3.18 —	1,061

Ces rapprochements assignent à l'alimentation 32.80 p 100 des loyers, soit presque un tiers de l'ensemble; vient ensuite le vêtement pour 14.94 p. 100. Parmi

---

1. Quelques statisticiens ont eu la pensée de rapporter le chiffre des affaires de chacune des industries de Paris au nombre de ses habitants. Mais d'une part, la plus grande partie des industriels de Paris travaillent pour l'exportation, et de cette exportation même on ne connaît approximativement que celle qui a l'étranger pour destination, la valeur des envois en province ne pouvant être constatée. De l'autre, en admettant qu'on connût exactement la quantité de produits fabriqués à Paris et consommés sur place, on ne pourrait déterminer la consommation totale des habitants de Paris, qu'à la condition de savoir en même temps la quantité de ceux de ces produits qui ont été importés soit de la province, soit de l'étranger, ce qui serait très-difficile, principalement en ce qui concerne les envois de la province.

les industries qui payent les moindres loyers, à raison de l'éloignement de leurs ateliers du centre de la ville, nous trouvons le bâtiment qui a fourni 1.74, et les peaux et les cuirs 0.95 p. 100.

Le rapport des loyers à l'importance des affaires montre que les plus gros loyers sont payés par les industries de consommation domestique. Les industries diverses, le vêtement, les articles de Paris, l'ameublement, l'alimentation, constituent les éléments les plus considérables du rendement de l'immeuble parisien. La nécessité pour ces commerces d'établir leur exploitation au centre de la capitale dans les conditions spéciales de luxe et d'élégance aggrave pour eux, dans une proportion notable, les charges locatives, relativement bien moins lourdes pour les grandes industries.

La valeur du loyer par établissement ne donne pas, à cet égard, des notions aussi précises, cette valeur dépendant de l'importance des locations, qui est bien plus grande dans les industries employant un grand nombre d'ouvriers, que dans celles où la plus notable partie du travail se fait par des ouvriers isolés, ou travaillant en chambre.

Il n'est pas sans intérêt de signaler, à l'occasion de la question des loyers, que l'ancien Paris figure au total pour 92,353,007 fr. ou 86 p. 100, et les communes annexées pour 15,037,703 fr. ou 14 p. 100; dans la ville tout entière, la rive droite pour 84, et la rive gauche pour 16 p. 100.

V. OUVRIERS.

Nombre des ouvriers. — Le nombre des ouvriers proprement dits, recensés par l'enquête de 1860, s'est élevé à 416,811 se décomposant ainsi :

Ouvriers	285,861
Ouvrières	105,410
Enfants au-dessous de 16 ans — garçons	19,059
— filles	6,481
	416,811

A ce chiffre, il convient d'ajouter :

1° Les patrons travaillant seuls	62,199
2° Les sous-entrepreneurs classés comme façonniers	26,242
3° Les ouvriers attachés aux établissements publics ou privés, recensés à part	45,028
	133,469

D'où il ressort, pour le nombre des ouvriers employés à Paris, un chiffre de 550,280, représentant environ le tiers de la population totale sédentaire.

En ne tenant compte que des 416,811 ouvriers de la première catégorie, on trouve qu'ils se divisent ainsi qu'il suit entre les divers groupes de l'industrie parisienne :

		Ouvriers par établissement.
1° Alimentation	38,859	1.3
2° Bâtiment	71,242	13.2
3° Ameublement	37,951	5.0
4° Vêtement	78,377	3.3
5° Fils et tissus	26,810	9.4
6° Gros métaux	28,866	8.4
7° Métaux précieux	18,731	5.9
8° Industries chimiques et céramiques	14,397	5.3
A reporter	315,233	

Ouvriers par
établissement.

		Ouvriers par établissement.
Report.	315,233	
9° Imprimerie, gravure et papeterie. . .	19,507	7.1
10° 1° Instruments de précision, de musique et horlogerie	11,828	5.2
2° Peaux et cuirs	6,597	10.2
3° Carrosserie et équipements militaires.	18,584	10.7
4° Boissellerie, vannerie, bronzerie.	4,390	3.2
5° Articles de Paris	25,698	5.0
6° Industries non groupées	14,974	1.6
	416,811	4.1

Le groupe du vêtement, porté pour 78,377 ouvriers, occupe donc le plus grand nombre de bras; vient immédiatement après l'industrie du bâtiment, qui, depuis plus de dix ans, contribue si largement, par la continuité de ses travaux, au bien-être des classes laborieuses. Sur les 71,242 ouvriers recensés dans ce groupe, ont été trouvés 31,676 maçons.

Quand on rapproche le nombre des ouvriers de celui des établissements industriels, on en trouve à peine 4 par établissement. Cette moyenne n'est considérablement dépassée que dans le groupe du bâtiment, l'industrie des fils et tissus, l'industrie des métaux et l'imprimerie; et parmi les subdivisions du 10° groupe, que dans l'industrie des peaux et cuirs et de la carrosserie. C'est dans le groupe de l'alimentation et dans les industries non groupées que cette proportion atteint son minimum.

Le tableau ci-après indique la proportion des hommes, des femmes et des enfants qu'occupe chaque groupe d'industries :

	Hommes.	Femmes.	Enfants.	Nombre de femmes pour 100 hommes.	Nombre d'enfants pour 100 adultes.
1° Alimentation	29,842	7,610	1,407	25.5	3.7
2° Bâtiment	70,116	35	1,091	»	1.6
3° Ameublement	30,254	3,471	4,226	11.4	12.5
4° Vêtement	27,074	47,380	3,923	174.8	5.3
5° Fils et tissus.	9,592	15,327	1,891	159.6	7.6
6° Gros métaux.	26,455	1,052	1,359	4.0	4.9
7° Métaux précieux	11,395	3,580	3,756	31.4	25.1
8° Industries chimiques et céramiques. .	10,263	3,189	945	31.0	7.0
9° Imprimerie, gravure et papeterie. . .	13,191	4,225	2,094	32.0	12.0
10° Industries diverses.	57,679	19,541	4,851	33.9	6.3
	285,861	105,410	25,540	36.8	6.5

Ce tableau démontre le rôle important réservé aux femmes et aux enfants dans l'industrie de Paris; sur 416,811 ouvriers recensés, le nombre des femmes n'est pas moindre de 105,410; celui des enfants de 25,540. Ces chiffres, certes, sont relativement considérables, si l'on tient compte de ce fait que plusieurs industries, et notamment celle du bâtiment, qui emploie à elle seule 71,242 ouvriers, sont exclusivement exercées par des hommes. — Pour deux groupes, le vêtement et les tissus, les femmes sont plus nombreuses que les hommes; elles sont également en nombre considérable dans les groupes 1, 7, 8, 9 et 10 (l'alimentation, l'industrie des métaux précieux, la parfumerie, la gravure et les articles de Paris).

Cette intervention essentiellement variée et multiple de la femme dans l'industrie parisienne lui donne une physionomie qui lui est propre et crée, pour plusieurs branches de la production, la source d'un commerce important avec l'étranger.

Des 25,540 enfants au-dessous de 16 ans recensés dans les ateliers de Paris, 19,059 garçons sont répandus assez également dans les divers groupes d'industries; il n'est toutefois pas sans intérêt de faire remarquer que leur nombre est relativement plus grand dans les groupes de l'ameublement, des métaux précieux, de l'imprimerie et, dans le 10e groupe, des articles de Paris. La présence des enfants dans ces groupes véritablement industriels atteste la bonne direction donnée par les chefs de famille à l'intelligence, au travail de leurs enfants.

Dans les 25,540 enfants, on compte 19,742 apprentis, dont 14,161 garçons et 5,581 filles. La durée de l'apprentissage varie, pour presque tous les garçons, entre 3 et 4 ans, et pour les filles, entre 2 et 3 ans. La plupart de ces apprentissages se font sans contrat. On en compte, en effet, 15,219 de cette nature sur 19,742, soit 77 p. 100. — La plupart de ces enfants sont patronnés par leurs parents ou tuteurs; on n'en compte, en effet, que 814 qui le soient par des associations civiles ou religieuses. — Enfin, sur le nombre total des apprentis, 11,666 logent chez leurs patrons et 8,076 chez leurs parents. La part des patrons est dès lors d'environ 60, et celle des parents de 40 p. 100.

VI. SALAIRES.

La question des salaires, qui touche à la fortune publique, à la paix de la cité, à la sécurité et au bien-être des ouvriers, soulève un des plus intéressants et des plus graves problèmes mis à l'étude par notre société contemporaine. C'est en vue d'en faciliter l'examen qu'on a cru devoir constater, avec le nombre des ouvriers, les prix des journées de travail appliqués à chacun d'eux.

En matière de salaire, les moyennes présentent peu d'intérêt; le chiffre réel, déterminé avec précision dans la mesure pour laquelle il profite à l'ouvrier, pouvait seul servir de base à d'utiles investigations et à des déductions logiques. Aussi a-t-on pensé qu'il convenait, pour se rapprocher plus exactement de la vérité, de multiplier les subdivisions. — Le tableau des salaires a donc été dressé, en fractionnant en 32 classes pour les hommes, et 18 pour les femmes, les prix de journée payés à Paris.

On doit faire observer que le tableau des salaires s'applique aux 416,811 ouvriers compris dans le paragraphe précédent, déduction faite des 19,742 enfants au-dessous de 16 ans, qui constituent les apprentis non salariés.

Hommes. — Les hommes, au nombre de 290,759, reçoivent des salaires qui varient de $0^f,50$ à 20 fr. par jour. Ces salaires, subdivisés en 32 classes et en 3 sections, nous paraissent exprimer assez exactement les différentes aptitudes de l'ouvrier parisien.

Une 1re section, comprenant les journées de moins de 1 fr. à 3 fr., représente plus particulièrement les auxiliaires de l'ouvrier, enfants, hommes de journée et ouvriers non encore exercés.

Une 2e section, relative aux salaires de 3 fr. à 6 fr., s'applique à la généralité des ouvriers proprement dits.

La 3e (salaires de 6 fr. à 20 fr.) renferme les ouvriers d'une habileté exceptionnelle ou produisant un travail artistique.

La 1re section comprend 64,080 ouvriers; la 2e, 211,621; la 3e, 15,058.

En combinant les prix de journée avec l'effectif des ouvriers, on obtient les salaires moyens ci-après :

2 fr. 29 c. pour la 1re section, 4 fr. 51 c. pour la 2e et 7 fr. 55 c. pour la 3e.

La 1re section se composant principalement d'enfants, d'hommes de journée et autres dont le plus grand nombre reçoit, en outre, gratuitement la nourriture, le chauffage et l'éclairage, on comprend qu'il n'est pas permis logiquement de la faire entrer en ligne de compte comme élément constitutif de la moyenne des salaires.

Les mêmes motifs d'exception s'appliquent à la 3e section, composée seulement de 15,058 ouvriers. Le tiers de ces ouvriers, soit 5,164, touche, en effet, un salaire de 7 fr., et représente l'élite de la population ouvrière de Paris. Quant aux rémunérations plus élevées, elles représentent particulièrement le prix de journée de contre-maîtres ou d'artistes industriels.

La 2e section, qui compte 211,621 ouvriers, exprime mieux que toutes les autres la vraie moyenne. Les plus forts salaires de cette section se trouvent dans les industries du bâtiment, de l'ameublement et de la construction des machines.

Femmes. — Les salaires des femmes, au nombre de 106,310, ont également été divisés en trois sections. La 1re comprend principalement les jeunes filles au-dessous de 16 ans et les femmes qui cherchent dans le travail à l'aiguille une ressource complémentaire. Ces ouvrières, dont la plupart sont nourries, couchées et blanchies, s'élèvent à 17,203 et touchent une journée de 0^f,50 à 0^f,75. — Dans la 2e, qui compte 88,340 femmes, c'est-à-dire la majorité des ouvrières proprement dites, elles gagnent de 1^f,50 à 4 fr. et réalisent ensemble une moyenne de 2^f,14 par jour. C'est celle qui doit servir de base pour l'appréciation vraie du salaire des femmes à Paris. — Dans la 3e, qui ne compte que 767 femmes, rémunérées comme directrices d'atelier ou comme employées à un travail exceptionnellement avantageux, le salaire varie de 4^f,50 à 10 fr., soit en moyenne 5^f,34.

Enfants. — Le tiers des enfants reçoit en général 1 fr. par jour, quelques apprentis touchent jusqu'à 2^f,25; mais comme ils sont généralement logés, nourris et blanchis, et que, d'ailleurs, leurs rémunérations sont entièrement variables et aléatoires, il n'a pas été possible d'établir, en ce qui les concerne, une appréciation générale.

VII. DURÉE DU TRAVAIL.

On a constaté, pour les 101,171 établissements recensés, que, dans 6,929, l'ouvrier est présent pendant moins de 12 heures; dans 37,061, il reste 12 heures; dans 37,216, plus de 12 heures, et dans 19,065, un temps illimité, toujours sauf déduction de 2 heures consacrées aux repas du matin et du soir.

Les ouvriers qui restent plus de 12 heures appartiennent généralement aux établissements relatifs à l'alimentation. Dans ces établissements, la journée commence de grand matin et ne se termine que très-avant dans la nuit; mais on y trouve, en compensation, de nombreuses alternatives d'activité et de repos.

A l'atelier, c'est-à-dire dans l'industrie proprement dite, le travail est, heures de repos déduites, de 10 heures effectives. Cette durée tend chaque jour à décroître, et on ne pourrait que s'en féliciter si la population ouvrière en profitait pour accroître le temps consacré au développement intellectuel.

VIII. MORTE-SAISON.

La stagnation périodique des affaires, à certaines époques de l'année, est une condition commune à la plupart des industries. Cette stagnation ne saurait être considérée comme étant toujours une cause d'embarras ou de gêne pour l'industriel; en fait, elle lui permet de réparer son outillage et de préparer de nouveaux articles de vente. Mais elle représente inévitablement, pour l'ouvrier sans prévoyance ou chargé de famille, un temps d'épreuve, de privation et de souffrance. Dans les industries où la morte-saison se produit annuellement avec une régularité en quelque sorte normale, telle que le bâtiment par exemple, le bien-être des classes ouvrières n'en est que peu sensiblement affecté, parce qu'elles se tiennent en garde contre un temps de chômage prévu, et que les économies accumulées ou un autre travail viennent faire face aux besoins du chef de famille.

Des 101,171 industriels recensés, 36,356 ont déclaré subir chaque année une morte-saison; 64,815 ont déclaré en être exempts. C'est un rapport de 36 à 60 p. 100; mais on peut juger par le tableau suivant que ce rapport est bien loin d'être le même dans les différents groupes.

	Industriels	
	avec morte-saison.	sans morte-saison.
	P. 100.	P. 100.
1° Alimentation.	5	95
2° Bâtiment.	67	33
3° Ameublement	57	43
4° Vêtement	49	51
5° Fils et tissus.	44	56
6° Gros métaux.	37	63
7° Métaux précieux.	58	42
8° Industries chimiques et céramiques.	28	72
9° Imprimerie, gravure et papeterie. . .	40	60
10° { 1° Instruments de précision, de musique et horlogerie	40	60
2° Peaux et cuirs	39	61
3° Carrosserie et équipements militaires	50	50
4° Boissellerie, vannerie, bronzerie.	35	65
5° Articles de Paris	64	36
6° Industries non groupées	36	64
	36	64

Ainsi le minimum de la morte-saison (5 p. 100) a été constaté dans l'alimentation et le maximum (67 p. 100) dans le bâtiment, groupe après lequel se place immédiatement celui des articles de Paris (64 p. 100). Ces différences se reproduisent dans les industries d'un même groupe.

IX. MŒURS ET HABITUDES.

Sous ce titre on a réuni tous les faits de l'enquête qui sont exclusivement relatifs à l'existence des ouvriers considérés au point de vue du logement, de l'instruction et de la conduite.

Logement. — Sur un total de 397,069 ouvriers, défalcation faite des apprentis au nombre de 19,742, 36,176 demeurent chez leurs patrons, 286,284 sont dans leurs meubles, et 74,609 logent en garni.

Le tableau suivant indique quelle est, par groupe, leur répartition proportionnelle :

| | Sur 100 ouvriers, logent | | |
	chez le patron.	dans leurs meubles.	en garni.
1° Alimentation.	63	29	8
2° Bâtiment	»	59	41
3° Ameublement	»	83	17
4° Vêtement	4	84	12
5° Fils et tissus	1	86	13
6° Gros métaux	1	77	22
7° Métaux précieux	»	92	8
8° Industries chimiques et céramiques.	8	78	14
9° Imprimerie, gravure et papeterie.	»	88	12
10° Industries diverses	10	74	16
	9	72	19

Les ouvriers logés par les patrons sont presque exclusivement célibataires; ils appartiennent en général au groupe de l'alimentation. Les ouvriers habitant en garni font plus particulièrement partie de l'industrie du bâtiment; venus de province, pour la plupart, et appelés à travailler temporairement à Paris, ils changent de domicile en même temps que de chantier. On en compte aussi un assez grand nombre dans l'industrie des gros métaux. Les rapports qui précèdent prouvent, d'ailleurs, que la plus grande majorité des ouvriers parisiens est sédentaire. C'est une garantie de leur moralité, de leur bien-être.

Instruction. — Malgré les efforts multipliés du gouvernement et des particuliers pour répandre l'instruction dans les classes ouvrières, on a constaté que, sur 397,069 ouvriers des deux sexes, 47,760 ou 12 p. 100 ne savent ni lire ni écrire. — Cette proportion varie selon les divers groupes d'industries, et d'après le sexe ou l'âge des ouvriers, conformément au tableau ci-après :

Proportion p. 100 des ouvriers complétement illettrés.

| | Total des ouvriers. | Adultes. | | Enfants. | |
		Hommes.	Femmes.	Garçons.	Filles.
1° Alimentation.	6	4	16	»	»
2° Bâtiment.	27	27	39	15	»
3° Ameublement	6	5	8	11	»
4° Vêtement	8	5	10	»	»
5° Fils et tissus.	16	12	20	9	19
6° Gros métaux.	10	10	15	»	»
7° Métaux précieux.	4	2	4	15	»
8° Industries chimiques et céramiques.	11	5	14	19	73
9° Imprimerie, gravure et papeterie.	3	1	8	3	5
0° / 1° Instruments de précision, de musique et horlogerie	5	5	5	»	»
2° Peaux et cuirs	18	21	7	»	»
3° Carrosserie et équipements militaires	12	10	30	»	»
4° Boissellerie, vannerie, bronzerie.	10	9	9	43	»
5° Articles de Paris	6	5	6	»	»
6° Industries non groupées	20	21	20	39	»
	12	12	12	10	16

Il résulte de ce tableau que c'est l'industrie du bâtiment qui renferme le plus grand nombre d'ouvriers dépourvus de toute instruction. — On sait que la plupart de ces ouvriers viennent de la Haute-Vienne et de la Creuse. Le groupe des fils et tissus vient ensuite, et ce résultat s'explique par le grand nombre de femmes venues du dehors qu'il emploie. On en compte encore un très-grand nombre dans la section des peaux et cuirs et dans les industries non groupées, la plupart des ouvriers de ces industries étant plutôt des domestiques ou des hommes et femmes de peine.

La proportion trouvée est la même pour les hommes et pour les femmes.

La moyenne générale de l'instruction des filles est assez sensiblement inférieure à celle des garçons. Le groupe *industries chimiques* fournit à lui seul 73 filles p. 100 absolument dépourvues d'instruction. Ce fait anormal se produit surtout dans l'industrie des allumettes chimiques, *où on n'a pas trouvé une seule fille sachant lire et écrire.* Cette industrie insalubre et n'offrant que de misérables salaires, se recrute dans les familles les plus pauvres et parmi les enfants abandonnés.

Conduite. — La conduite de l'ouvrier, d'après les renseignements recueillis auprès des chefs d'établissement, a donné les résultats favorables attestés par les chiffres suivants :

Conduite bonne	90
— douteuse	5
— mauvaise	5
	100

Tous ceux qui ont été mêlés à la vie de l'ouvrier de Paris reconnaîtront l'exactitude de ces appréciations. Si, en effet, il est quelquefois entraîné par la légèreté du caractère et par des tentations qu'explique l'existence de nombreux lieux de plaisir, il est juste de reconnaître qu'il sait, en général, faire à l'épargne une part importante. C'est ainsi que les sociétés de secours ou de crédit mutuel se propagent, et qu'on renonce de plus en plus au chômage volontaire du lundi.

X. FORCES MOTRICES.

Le rôle que jouent aujourd'hui, dans la production, les machines à vapeur, est considérable. On a cru devoir recenser avec soin cette partie de l'outillage parisien. Il a été trouvé :

1,189 machines à vapeur d'une force totale de	9,782	chevaux.
11 locomobiles d'une force totale de	55	—
8 forces d'eau d'une force totale de	77	—
501 manéges mus par des chevaux	501	—
Ensemble 1,709 moteurs représentant	10,415	—

Depuis cette époque, l'invention de la machine Lenoir, qui se prête merveilleusement à remplacer, dans une foule de cas, et principalement dans la construction, les bras des ouvriers, a dû considérablement augmenter cette force.

A côté des machines à vapeur, l'industrie parisienne fait encore emploi de nombreux outils mécaniques, qui ont, depuis plusieurs années, remarquablement accru les ressources de la production.

La nomenclature de ces outils variés ne saurait trouver ici sa place; mais on peut trouver, dans les notices particulières affectées par la publication que nous analysons à chaque industrie, le nombre des bancs, broches, métiers à tisser, dévidoirs, des marteaux-pilons, repoussoirs, emporte-pièces, découpoirs, des machines à percer, à aléser, à tarauder, des laminoirs, des grues à vapeur, etc., recensés dans les divers ateliers de Paris.

XI. DÉBOUCHÉS DES PRODUITS.

Les expéditions déclarées à la sortie de la douane de Paris se sont élevées, pour 1860, à 290 millions environ; mais l'irrégularité et l'incertitude des déclarations en douane, l'usage pratiqué par plusieurs commerçants parisiens de ne présenter leurs colis qu'aux douanes frontières, ne permettent pas de considérer comme exact ce chiffre de 290 millions.

Le montant total des exportations en 1860, d'après les renseignements recueillis par l'enquête, ne saurait être calculé à moins de 347,349,098 fr.

Les principaux pays d'exportation sont : les États-Unis (23.33 p. 100) et l'Angleterre (10 p. 100). Viennent ensuite la Russie, l'Espagne, la Suisse, l'Italie et l'Allemagne. Ces sept pays réunis absorbent 55.20 p. 100 de l'exportation parisienne. Les autres pays réunis n'en reçoivent que 6.59 p. 100; enfin 38.21 p. 100 représentent la valeur des marchandises livrées par les industriels aux commissionnaires pour l'exportation et sur les destinations desquelles aucun renseignement n'a pu être obtenu.

Le rapport du montant de l'exportation avec la fabrication varie pour chaque groupe dans les proportions suivantes:

1° Alimentation.	7		1° Instruments de précision, de musique et horlogerie	33
2° Bâtiment	4		2° Peaux et cuirs	25
3° Ameublement.	14		3° Carrosserie et équipements militaires	11
4° Vêtement	17			
5° Fils et tissus	21	10°	4° Boissellerie, vannerie, bronzerie	1
6° Gros métaux	24			
7° Métaux précieux.	22		5° Articles de Paris.	26
8° Industries chimiques et céramiques.	13		6° Industries non groupées.	4
9° Imprimerie, gravure et papeterie	12			

Le maximum de l'exportation appartient donc à la 1re partie du 10e groupe (instruments de précision, de musique et horlogerie). Viennent ensuite les articles de Paris, les peaux et les cuirs, les machines, la bijouterie et la passementerie. — L'exportation est également considérable pour les articles de vêtement, la parfumerie (8e groupe), l'imprimerie et la carrosserie.

XII. FAÇONNIERS.

La Chambre de commerce a pensé qu'il convenait de recenser à part les chefs d'entreprises façonniers. Ils se sont trouvés être au nombre de 26,242, dont 12,868 hommes et 13,374 femmes. — Le montant de leurs loyers s'est élevé à 4,392,578 fr., et ils ont fait pour 34,380,453 fr. d'affaires.

Ces chefs d'entreprises façonniers, dont le plus grand nombre appartient à l'industrie du vêtement, occupent 7,960 ouvriers, qui ont été compris dans le chiffre total sur lequel ont porté les observations qui précèdent.

En résumé, l'industrie de Paris est exercée par 101,171 fabricants; — le chiffre de leurs affaires atteint 3,369,092,949 fr.; — les lieux occupés par l'usine, la fabrique, l'atelier représentent une valeur locative de 107,390,710 fr.; — les ouvriers de tout sexe et de tout âge sont au nombre de 416,811.

Une enquête de même nature avait constaté, en 1848, 64,816 fabricants faisant pour 1,463,628,350 fr. d'affaires et occupant 342,530 ouvriers.

Une comparaison directe n'est pas possible, puisque l'enquête de 1860 comprend le nouveau Paris, et que celle de 1848 avait laissé en dehors de ses calculs toute la banlieue annexée. Néanmoins, si l'on veut bien considérer que, dans l'importance des affaires, les nouveaux arrondissements n'entrent tout au plus que pour un cinquième, on peut admettre que, de 1848 à 1860, le chiffre des affaires s'est élevé de 1,756,354,020 à 3,369,092,949 fr., c'est-à-dire qu'il a presque doublé.

« On ne pouvait donner une meilleure idée de l'immense accroissement de la « production parisienne. Cet accroissement répond à celui de la fortune publique et « à une augmentation générale dans les salaires. Ces fécondes conquêtes grandiront « encore, grâce à la sécurité intérieure et à la paix extérieure, et ce ne sera pas le « moindre titre de gloire de l'Empereur. »

INFLUENCE

DE LA DÉTENTION SUR LA MORTALITÉ.

Les diverses administrations publiques, dans les documents qu'elles publient, les savants eux-mêmes, ne sont pas d'accord sur la manière de déterminer la mortalité dans les établissements à population variable, comme les hôpitaux, hospices, asiles d'enfants ou d'aliénés, prisons, etc.

Dans les publications du ministère de l'intérieur relatives aux établissements de bienfaisance, on évalue cette mortalité, en divisant les décès de chaque année par les existences constatées; dans les statistiques officielles des établissements pénitentiaires, on l'obtient en divisant les décès annuels par l'effectif moyen présent. L'administration de l'Assistance publique de Paris (*Compte moral et administratif*) se borne à rapprocher les décès annuels des sorties.

En Angleterre, on les rapporte aux entrées.

Peut-être même existe-t-il encore d'autres modes d'évaluation.

Sans contester ce que ces divers procédés peuvent avoir de bon, il nous paraît indispensable d'en connaître la vraie signification. Il est certain, en effet, que chacune de ces formules donne lieu à des résultats différents, et qu'on aurait le plus grand tort de comparer la mortalité des établissements dont nous venons de parler, telle qu'elle est indiquée dans les publications spéciales, avec celle de la population ordinaire.

Nous avons donc cherché à nous rendre compte de ce qu'on doit entendre par la mortalité des établissements à population variable, et nous avons exposé dans un mémoire précédent une méthode qui nous a permis d'affirmer :

1° Que la seule mortalité comparable est celle qui affecte une journée de présence;

2° Que la mortalité qui résulte de la division des décès par les existences est égale à la mortalité d'un jour multipliée par la durée moyenne annuelle du séjour dans l'établissement que l'on considère;

3° Enfin, que la mortalité déduite de la division des décès par la population moyenne, est égale à la mortalité d'un jour multipliée par les 365 jours de l'année.

Nous avons dû, en conséquence, rejeter, comme entaché d'erreur, le procédé adopté par l'Assistance publique de Paris, ou par quelques statisticiens anglais.

Pour faire comprendre notre méthode, nous l'avons appliquée à un exemple particulier. De là notre premier article sur la *mortalité comparée* des hôpitaux de Paris.

Il nous paraît utile de poursuivre ces investigations, que nous comptons étendre encore, et nous leur avons donné cette fois pour objet les établissements pénitentiaires, dont le mouvement annuel est indiqué, avec de nombreux et intéressants détails, dans une publication annuelle du ministère de l'intérieur.

Nous étudierons successivement, au point de vue spécial qui nous occupe :

1° Les maisons centrales;

2° Les bagnes;

3° Les établissements d'éducation correctionnelle;

4° Les prisons de Paris;

5° Les prisons des départements.

I. MORTALITÉ DES MAISONS CENTRALES.

En 1848, il existait 21 maisons centrales affectées aux hommes condamnés à la réclusion, et aux femmes condamnées soit à la réclusion, soit aux travaux forcés. Aujourd'hui, le nombre de ces établissements, qui s'était élevé jusqu'à 27, est descendu à 26, par suite du classement parmi les monuments historiques de l'antique abbaye de Saint-Michel.

Comme il n'entre pas dans notre plan d'étudier dans toutes ses parties le mouvement de chacun de ces établissements, nous nous bornerons à en faire connaître les résultats généraux. Ils se trouvent consignés dans le tableau ci-dessous, qui récapitule pour trois périodes de quatre années les variations que la population des maisons centrales a éprouvées depuis 1852 jusqu'à 1863, c'est-à-dire pendant une période de 12 ans.

	Présents au 1er janvier.	Entrées.	Décès.	Sortis par libération, grâce ou transfèrement.	Total des sorties.	Présents au 31 décembre.	Existences.
1852-1855	64,886	37,041	4,373	30,159	34,532	67,395	101,927
1856-1859	72,006	36,870	4,503	32,030	36,533	72,343	108,876
1860-1863	68,082	30,257	3,505	28,849	32,354	65,985	98,339
Total du sexe masculin . .	204,974	104,168	12,381	91,038	103,419	205,723	309,142
1852-1855	16,196	8,642	1,146	6,176	7,322	17,516	24,838
1856-1859	19,617	8,799	1,209	7,738	8,947	19,469	28,416
1860-1863	17,485	6,367	899	6,347	7,246	16,606	23,852
Total du sexe féminin . . .	53,298	23,808	3,254	20,264	23,515	53,591	77,106
1852-1855	81,082	45,683	5,519	36,335	41,854	84,911	126,765
1856-1859	91,623	45,669	5,712	39,768	45,480	91,812	137,292
1860-1863	85,567	36,624	4,404	35,196	39,600	82,591	122,191
Total des deux sexes	258,272	127,976	15,635	111,299	126,934	259,314	386,248

Cela fait pour 100 existences :

		Présents au 1er janvier.	Entrées.	Décès.	Sortis par libération, grâce ou transfèrement.	Total des sorties.	Présents au 31 décembre.
Sexe masculin.	1852-1855 . . .	63.66	36.34	4.29	29.59	33.88	66.12
	1856-1859 . . .	66.13	33.87	4.14	29.41	33.55	66.45
	1860-1863 . . .	69.23	30.77	3.56	29.34	32.90	67.10
	1852-1863 . . .	66.29	33.71	4.01	29.45	33.46	66.54
Sexe féminin.	1852-1855 . . .	65.21	34.79	4.62	24.86	29.48	70.52
	1856-1859 . . .	71.10	28.90	4.25	27.24	31.49	68.51
	1860-1863 . . .	73.31	26.69	3.77	26.61	30.38	69.62
	1852-1863 . . .	69.12	30.88	4.22	26.28	30.50	69.50
Les deux sexes.	1852-1855 . . .	63.96	36.04	4.35	28.67	33.02	66.98
	1856-1859 . . .	66.74	33.26	4.16	28.97	33.13	66.87
	1860-1863 . . .	70.03	29.97	3.60	28.81	32.44	67.59
	1852-1863 . . .	66.87	33.13	4.05	28.81	32.86	67.14
		100.00		32.86		100.00	

Si l'on compare les trois périodes sans tenir compte de la différence des sexes, on trouve que l'effectif des maisons centrales au 1er janvier de chaque année va en augmentant, bien que les entrées diminuent et que les sorties soient à peu près stationnaires. Ce fait ne peut s'expliquer que par une augmentation correspondante dans la durée moyenne de la détention. Quant aux décès, leur diminution est, comme on peut le voir, très-marquée, principalement entre la seconde et la troisième période.

Si l'on compare les sexes, on constate que c'est le sexe féminin qui présente à la fois la durée moyenne de détention la plus prolongée et le plus fort coefficient de mortalité.

Les mouvements qui se sont produits pour l'ensemble des détenus, se reproduisent d'ailleurs, et dans le même sens, pour chaque sexe en particulier.

La mortalité, calculée comme nous venons de le faire, est de 4 p. 100 environ. Mais, d'après la signification précise que nous avons donnée à ce terme, elle dépend essentiellement de la durée moyenne de la détention pendant l'année, puisqu'elle est égale à la chance mortuaire d'une journée de détention multipliée par la durée moyenne annuelle de cette détention. On conçoit dès lors que la mortalité d'un jour pourrait être la même, et la mortalité effective (qui résulte de la comparaison des décès avec les existences), augmenter ou décroître, en même temps que la durée moyenne du séjour; par conséquent, elle n'est comparable qu'à la condition de l'égalité dans la durée de la détention.

Dans la statistique des prisons que nous avons sous les yeux, on a procédé autrement pour calculer la mortalité : on a divisé les décès par la population moyenne; mais sans s'apercevoir qu'on attribuait aux détenus, *pendant toute l'année*, une mortalité à laquelle ils ne sont exposés que pendant la durée même de leur détention, puisque, une fois sortis, ils ne sont soumis qu'aux chances mortuaires qui affectent la population générale.

Il n'est donc possible d'établir de comparaisons directes entre la mortalité des maisons centrales et celle des autres établissements, ou de la population totale du pays, qu'en rapportant les décès aux journées de présence, ce qui donne la chance mortuaire moyenne d'une journée. Cette chance une fois établie, on obtient le coefficient mortuaire relatif à la durée du séjour, en la multipliant par cette durée, et le coefficient relatif à l'année tout entière, en la multipliant par les 365 jours dont elle se compose.

Quant à la durée du séjour elle-même, elle s'obtient indifféremment, en divisant soit les journées de présence par les existences, soit la mortalité relative à la durée du séjour, par la mortalité d'un jour.

Nous avons résumé tous ces calculs dans le tableau qui suit :

		Décès.	Existences.	Journées de détention.	Mortalité d'un jour.	Mortalité effective p. 100.	Mortalité moyenne.	Durée du séjour.
Sexe masculin.	1852-1855..	4,373	101,927	24,257,836	0.000180	4.29	6.58	238 j.
	1856-1859..	4,503	108,876	26,525,330	0.000170	4.14	6.20	244
	1860-1863..	3,505	98,339	24,547,025	0.000143	3.56	5.21	249
	1852-1863..	12,381	309,142	75,330,191	0.000164	4.01	6	244
Sexe féminin.	1852-1855..	1,146	24,838	6,178,075	0.000185	4.62	6.77	249
	1856-1859..	1,209	28,416	7,147,118	0.000169	4.25	6.17	252
	1860-1863..	899	23,852	6,269,503	0.000143	3.77	5.23	263
	1852-1863 .	3,254	77,106	19,594,696	0.000166	4.22	6.06	254
Les deux sexes.	1852-1855..	5,519	126,765	30,435,911	0.000181	4.35	6.62	240
	1856-1859..	5,712	137,292	33,672,448	0.000170	4.16	6.19	245
	1860-1863..	4,404	122,191	30,816,528	0.000143	3.60	5.22	252
	1852-1863..	15,635	386,248	94,924,887	0.000165	4.05	6.01	246

Nous n'avons pas à revenir sur la mortalité effective des détenus; mais si nous considérons le taux mortuaire afférent à une journée de détention, nous trouvons que la mortalité ainsi calculée a éprouvé une diminution sensible, principalement entre les deux dernières périodes, et, en comparant les sexes, on voit que, si, dans la première période, c'est la mortalité du sexe féminin qui l'emporte, elle est inférieure dans la seconde, et égale à l'autre dans la troisième. Sans des circonstances particulières, parmi lesquelles nous citerons une épidémie de choléra qui a décimé la maison d'*Aniane*, exclusivement affectée aux femmes, il y a lieu de croire que, dans ces maisons, comme dans la population générale, le sexe féminin devrait avoir une mortalité inférieure à celle de l'autre sexe. Dans tous les cas, les différences que présentent les deux sexes, relativement aux chances mortuaires d'un jour, sont beaucoup moins considérables que celles qu'on a constatées dans leur mortalité effective. C'est qu'ici, nous le répétons, il entre un élément de plus : la durée moyenne de la détention. Or, il est facile de voir, dans le tableau qui précède, que cette durée est plus grande pour le sexe féminin.

Pour les deux sexes, d'ailleurs, ainsi que pour chaque sexe en particulier, la moyenne annuelle de la détention va en s'accroissant; toutefois, les chances mortuaires ont tellement diminué que, malgré cet accroissement, il y a eu diminution dans la mortalité effective.

Nous venons d'établir quelles sont, dans les maisons centrales, les chances de mortalité afférentes à une journée de détention; il est intéressant de les comparer à celles de la population libre.

Mortalité d'un jour.

Périodes.	Maisons centrales.	Population libre.	Rapport des 2 mortalités.
1852-1855	0.000181	0.000068	2.7
1856-1859	0.000170	0.000066	2.6
1860-1863	0.000143	0.000061	2.3

Il résulte de ces nombres que la mortalité a diminué à la fois dans ces maisons et dans la population libre.

Mais, si l'on considère les rapports inscrits dans la troisième colonne, on constate que la mortalité des maisons centrales, après avoir été 2.7 fois plus grande que celle de la population générale, n'est plus, dans la dernière période, que 2.3 fois plus élevée. On pourrait presque dire, en forçant un peu les rapports, que la mortalité des maisons centrales, après avoir été le triple de la mortalité ordinaire, n'en est plus que le double.

Cette conséquence est d'une importance extrême, car elle prouve que la diminution de mortalité des maisons centrales (mortalité encore bien considérable sans doute) doit être attribuée à des causes spéciales se rattachant aux améliorations de tout genre, dont leur régime a été l'objet.

Si, dans la comparaison de la population libre et de la population détenue, il est possible à certains égards de négliger sans inconvénient la considération de l'âge, il est absolument indispensable d'en tenir compte dès qu'on se propose d'apprécier exactement l'aggravation de mortalité résultant du fait de la détention.

On sait que les détenus ne sont admis dans les maisons centrales qu'à partir de l'âge de 16 ans. Sous la réserve des différences dépendant de l'inégalité de proportion, pour chaque âge au-dessus de 16 ans, entre la population détenue et la population libre, c'est à la mortalité de la population libre au-dessus de 16 ans que la mortalité des maisons centrales est réellement comparable. Or, il résulte des lois de la population que si, pour les trois périodes que nous examinons, la mortalité d'un jour applicable à tous les âges de la vie est de 0.000065, celle qui convient à la population adulte, c'est-à-dire de plus de 16 ans, n'est que de 0.000058.

Pour la même période, la mortalité des maisons centrales s'est élevée à 0.000165. Cette mortalité est dès lors 2.9 fois, soit 3 fois plus considérable que celle de la population ordinaire.

La mortalité, telle que nous venons de l'exprimer, est un chiffre complexe qui dépend à la fois du nombre des maladies et de leur gravité propre. La statistique que nous analysons permet, dans une certaine mesure, d'aborder le problème par ce côté intéressant.

Il suffit pour cela de comparer les entrées à l'infirmerie à l'effectif présent des prisons, d'examiner quelle est la proportion des jours de maladie aux jours de détention. Les proportions ainsi obtenues font connaître la *morbidité* annuelle des prisonniers, et la gravité des affections se mesure en rapportant les décès aux journées de maladie.

Voici d'abord quel est, pour toutes les maisons centrales réunies, et pour chacune des périodes que nous avons étudiées, le nombre des détenus entrés à l'infirmerie et celui des journées qu'ils y ont passées. Les existences à la prison et les journées de détention se trouvent dans un tableau précédent :

Périodes.	Sexe masculin.		Sexe féminin.		Les deux sexes.	
	Entrés à l'infirmerie.	Journées de maladie.	Entrées à l'infirmerie.	Journées de maladie.	Entrés à l'infirmerie.	Journées de maladie.
1852-1855.	60,087	1,288,871	17,064	436,751	77,151	1,725,622
1856-1859.	62,045	1,399,172	16,750	440,994	78,995	1,840,166
1860-1863.	53,857	1,261,649	12,587	385,004	66,444	1,646,653
Totaux.	175,989	3,949,692	46,401	1,262,749	222,590	5,212,441

Si l'on fait les comparaisons dont il vient d'être parlé, pour les deux sexes réunis et par périodes, on obtient les rapports ci-dessous :

Périodes.	Proportion par 100 détenus existants des entrées à l'infirmerie.	Journées de maladie par 100 jours de détention.	Durée de la maladie.	Mortalité d'un jour de maladie.	Mortalité d'un jour de détention.
1852-1855.	61	5.67	22 jours	0.003198	0.000181
1856-1859.	57	5.46	23 —	0.003104	0.000170
1860-1863.	54	5.34	25 —	0.002674	0.000143
1852-1863.	58	5.49	23 jours	0.003000	0.000165

Les résultats de ce tableau sont très-clairs : ils prouvent que le nombre des malades n'a cessé de diminuer. Une diminution, quoique un peu moindre, s'est également produite dans celui des journées de maladie. Mais, s'il y a moins de malades aujourd'hui, leur maladie se prolonge de quelques jours de plus; il est vrai qu'en même temps leur gravité diminue. La mortalité d'un jour de maladie descend, en effet, de 0.0032 à 0.0027.

En combinant la durée du séjour avec la mortalité d'un jour de maladie, on obtient, comme représentant la mortalité effective pour 100 malades, les termes successifs : 7.03, 7.14 et 6.68; moyenne 6.90.

Ainsi l'amélioration a été tellement marquée dans la dernière période que, malgré une augmentation sensible dans le séjour, il y a eu diminution marquée dans le coefficient de mortalité.

Par sexe et pour les trois périodes réunies, on obtient les rapports suivants :

	Proportion par 100 détenus des entrées à l'infirmerie.	Jours de maladie par 100 jours de présence.	Durée de la maladie.	Mortalité d'un jour de maladie.	Mortalité d'un jour de présence.
Sexe masculin.	57	5.24	22 j.	0.003135	0.000164
Sexe féminin	60	6.44	27	0.002578	0.000166
Les deux sexes. . . .	58	5.49	23 j.	0.003000	0.000165

On voit qu'en général les maladies des femmes sont plus nombreuses et de plus longue durée que celles de l'autre sexe; mais elles sont en même temps moins graves. Il en résulte que, s'il y avait égalité dans le nombre des maladies, c'est le sexe féminin qui aurait le moindre coefficient de mortalité. L'inégalité de ce nombre lui attribue, au contraire, comme on peut le voir à la dernière colonne, un léger excédant de mortalité pour un nombre égal de journées de détention.

II. MORTALITÉ DES BAGNES.

Il a été établi plus haut que le seul moyen rationnel de comparer à la mortalité générale la mortalité des établissements à population variable consiste à rapporter, de part et d'autre, les décès relevés dans l'année au total des journées de présence.

Nous avons appliqué cette méthode aux *bagnes* pour toutes les années que nous avons pu étudier, et voici, par périodes, le résultat de nos calculs :

Décès correspondant à 1 jour de présence.

Périodes.	Bagnes.	Population libre.	Rapport des 2 mortalités.
1843-1847, . . .	0.000102	0.000063	1.6
1848-1852	0.000130	0.000065	2
1853-1857	0.000183	0.000067	2.7
1858-1861	0.000192	0.000065	1.7
Moyenne. . . .	0.000132	0.000065	2

Il résulte de cette comparaison que, dans toutes les périodes, la mortalité des bagnes a été constamment supérieure, et du double en moyenne, à celle de la population libre.

Pour la dernière période, elle n'a dépassé que de 1.7 fois la mortalité générale; cette proportion s'élèverait peut-être au double, si l'on rapportait, des deux côtés, les décès à la population adulte.

On voit que les bagnes sont, à cet égard, dans une situation plus favorable que les maisons centrales, la mortalité de ces dernières étant, d'après nos calculs, près de 3 fois plus considérable que celle de la population adulte libre.

III. ÉTABLISSEMENTS D'ÉDUCATION CORRECTIONNELLE.

Jusqu'en 1789, les détenus de tout âge, de tout sexe, de toute catégorie, avaient été confondus dans les prisons. Il n'existait pour les jeunes détenus ni maison spéciale, ni quartier séparé. Aujourd'hui on compte, en France, 58 établissements affectés à l'éducation correctionnelle des jeunes détenus des deux sexes, 29 pour les garçons, 24 pour les filles, et 5 mixtes. 10 de ces établissements appartiennent à l'État, dont 6 réservés aux garçons, 3 aux filles, et 1 établissement mixte. Les établissements privés comprennent 25 colonies agricoles pour les garçons et 21 maisons religieuses pour les jeunes filles. Le mouvement annuel de la population de ces établissements est résumé, pour les deux sexes réunis, et par périodes de 4 ans, dans le tableau suivant :

Périodes.	Population au 1er janvier.	Entrées.	Sorties.			Population au 31 décembre.	Existences.	Jours de présence.
			Décès.	Autres sorties.	Total.			
1852-1855	28,923	16,991	1,107	11,673	12,780	33,134	45,914	11,254,738
1856-1859	38,808	12,228	1,286	11,839	13,125	37,911	51,036	13,856,270
1860-1863	33,910	13,674	807	13,624	14,431	33,153	47,584	12,129,969
1852-1863	101,644	42,893	3,200	37,136	40,336	104,198	144,534	37,240,977

On conclut de ce tableau que, pour 100 existences, il y a eu relativement aux entrées :

Périodes.	Présents au 1er janvier.	Admis dans l'année.
1852-1855	63.00	37.00
1856-1859	76.04	23.96
1860-1863	71.26	28.74
Moyenne	70.33	29.67
	100.00	

et relativement aux sorties :

Périodes.	Décès.	Autres sorties.	Sorties.	Présents au 31 décembre.
1852-1855 . . .	2.41	25.43	27.84	72.16
1856-1859 . . .	2.52	23.20	25.72	74.28
1860-1863 . . .	1.70	28.63	30.33	69.67
Moyenne . . .	2.21	25.70	27.91	72.09
		27.91		100.00

Il résulte de ces rapports, qu'après avoir subi un accroissement notable dans la seconde période, la durée annuelle de la détention est entrée, pendant la dernière, dans une voie de diminution; quant à la *mortalité effective*, on constate que c'est dans la troisième période qu'elle atteint son minimum.

Mais pour se rendre mieux compte de ces faits, il est nécessaire de calculer directement les chances ordinaires de la mortalité de ces détenus, ainsi que la moyenne annuelle de leur séjour.

Périodes.	Décès.	Existences.	Journées de détention.	Mortalité d'un jour.	Mortalité effective durant tout le séjour.	Mortalité moyenne.	Durée moyenne du séjour.
1852-1855	1,107	45,914	11,254,738	0.000098	2.41	3.58	245 j.
1856-1859	1,286	51,036	13,856,270	0.000093	2.52	3.47	271
1860-1863	807	47,584	12,129,969	0.000067	1.70	2.45	255
Totaux et moyennes.	3,200	144,534	37,240,977	0.000086	2.21	3.14	257 j.

Les rapports qui précèdent montrent clairement que, si la mortalité effective des jeunes détenus s'est élevée pendant la seconde période, le fait ne doit être attribué qu'à une augmentation sensible dans la durée de la détention. En fait, les chances mortuaires afférentes à une journée de détention n'ont cessé de diminuer, bien que cette diminution n'ait été très-notable que dans la période la plus rapprochée.

La chance mortuaire d'un jour qui, pour l'ensemble des 12 années, est, dans les maisons centrales, de 0.000165, n'est que de 0.000086 pour les jeunes détenus, c'est-à-dire d'un peu plus de la moitié.

Pour la population générale, on a vu que ce coefficient est de 0.000065. Il y a donc, pour les jeunes détenus, une aggravation de la mortalité, résultant de leur détention.

Mais cette aggravation s'est atténuée à chaque période, comme on peut le voir par les rapports suivants :

Périodes.	Mortalité des jeunes détenus.	Mortalité générale.	Rapport des 2 mortalités.
1852-1855	0.000098	0.000068	1.44
1856-1859	0.000093	0.000066	1.40
1860-1863	0.000067	0.000061	1.10
1852-1863	0.000086	0.000065	1.32

On peut donc affirmer que la mortalité des jeunes détenus a diminué plus rapidement que dans la population libre. Cette diminution a été le résultat des améliorations apportées au service.

Dans ce qui précède, on a comparé la mortalité des jeunes détenus à la mortalité générale d'une population de tout âge; pour se rendre compte, d'une manière aussi approchée que possible, de l'influence de la détention, il y a lieu de ne tenir compte, dans la population générale, que des individus de 5 à 16 ans.

Pour cette population, la mortalité moyenne n'est que de 0.85 pour 100 hommes, et la chance mortuaire d'un jour de 0.000025. Il en résulte que la mortalité des jeunes détenus, qui est, pour la même période, de 0.000086, s'élève, par rapport à l'autre, à 3.44, c'est-à-dire est plus de 3 fois plus considérable. A cet égard, la situation est plus défavorable que celle des maisons centrales, qui, comme on l'a vu, n'ont pas tout à fait une mortalité triple de celle de la population libre correspondante.

IV. PRISONS DU DÉPARTEMENT DE LA SEINE.

L'importance des prisons de la Seine, et l'intérêt qui s'attache aux divers modes de détention employés dans ce département, nous ont engagé à les comprendre, avec quelques développements, dans cette étude.

La publication du ministère de l'intérieur leur a d'ailleurs affecté des états spéciaux, qui reproduisent quelques-unes des divisions adoptées pour la statistique des maisons centrales.

Ces prisons sont au nombre de 8, non compris la maison centrale d'éducation correctionnelle des jeunes détenus qui figure au nombre des établissements étudiés dans le paragraphe précédent. 4 sont exclusivement destinées aux hommes, ce sont : Mazas, maison d'arrêt; le dépôt des condamnés, les Madelonnettes et Sainte-Pélagie, maison d'arrêt et de correction. Une seule, Saint-Lazare, maison d'arrêt et de correction, est réservée aux femmes. Les 3 autres contiennent les deux sexes, ce sont : la Conciergerie, maison de justice; Saint-Denis, maison de répression pour les détenus par mesure administrative; et Clichy, prison pour dettes.

Voici quel a été le mouvement moyen annuel de ces prisons, prises dans leur ensemble, pour trois périodes de quatre années[1].

Périodes.	Présents au 1er janvier.	Entrées.	Décès.	Autres sorties.	Total des sorties.	Présents au 31 décemb.	Existences.	Journées de détention.
1852-1855 ..	18,363	106,324	1,740	104,475	106,215	18,472	124,687	6,794,442
1856-1859 ..	19,378	111,280	1,973	109,422	111,395	19,263	130,658	6,928,940
1860-1863 ..	19,926	127,386	1,967	125,546	127,513	19,799	147,312	7,221,895
Totaux ...	57,667	344,990	5,680	339,443	345,123	57,534	402,657	20,945,277

On en déduit, pour 100 existences, les rapports ci-après :

Périodes.	A l'entrée.		A la sortie.			
	Présents au 1er janvier.	Entrées.	Décès.	Autres sorties.	Total des sorties.	Présents au 31 décembre.
1852-1855 ..	14.73	85.27	1.39	83.79	85.18	14.82
1856-1859 ..	14.83	85.17	1.51	83.74	85.25	14.75
1860-1863 ..	13.53	86.47	1.33	85.23	86.56	13.44
1852-1863 ..	14.32	85.68	1.41	84.30	85.71	14.29
	100.00		85.71		100.00	

On remarquera combien est faible la mortalité effective des détenus de la Seine, comparativement à celle que nous avons trouvée pour les bagnes, les maisons centrales, et même pour les établissements d'éducation correctionnelle; mais le fait ne doit être attribué, comme nous allons le montrer à l'instant, qu'à la faible durée relative de leur détention.

Périodes.	Mortalité d'un jour.	Mortalité effective.	Mortalité moyenne.	Durée moyenne de la détention.
1852-1855 ..	0.000256	1.39	9.34	55 jours
1856-1859 ..	0.000285	1.51	10.60	53 —
1860-1863 ..	0.000273	1.33	9.96	49 —
Moyenne ..	0.000271	1.41	9.89	52 jours

Il résulte de ces rapports que la durée de la détention dans les prisons de la Seine est d'environ 52 jours, et qu'elle a une tendance à diminuer.

Quant à la mortalité, quelle que soit la manière dont on l'apprécie, on voit qu'après s'être accrue dans la seconde période, elle est actuellement en voie de diminution.

Si l'on considère les chances mortuaires d'une journée de détention, on est vraiment surpris de l'élévation de leur chiffre. Jusqu'ici, ni les bagnes, ni les maisons centrales, ni les établissements de correction de la jeunesse, n'avaient atteint un pareil taux.

Cette mortalité est 4.5 fois plus considérable que celle de la population adulte libre, et 4 fois plus grande que celle de la population libre de tous les âges.

Si on la compare avec celle de la population libre du département de la Seine, on obtient les rapports suivants :

Périodes.	Prisons de la Seine.	Population libre de la Seine.	Rapport des 2 mortalités.
1852-1855 ..	0.000256	0.000085	3.01
1856-1859 ..	0.000285	0.000074	3.84
1860-1863 ..	0.000273	0.000070	3.90
Moyenne ..	0.000271	0.000076	3.56

---

1. Non compris les dépôts de sûreté et les soldats de passage.

Ainsi les chances de mort des prisons sont encore 3.5 fois plus nombreuses que celles de la population totale du département, et contrairement à ce qu'on a vu, en parlant des maisons centrales et autres établissements pénitentiaires, la mortalité a diminué moins rapidement dans ces prisons que dans le département entier.

Cette mortalité excessive est-elle applicable à toutes les prisons, ou leurs conditions, à ce point de vue, sont-elles différentes? C'est ce qu'il nous reste à examiner en limitant nos recherches aux résultats moyens des 4 dernières années.

Le mouvement de ces prisons se résume comme il suit :

Période 1860-1863.

	Présents au 1er janvier.	Entrées.	Décès.	Sorties de toute nature.	Présents au 31 décembre.	Existences.	Journées de détention.
Mazas (maison d'arrêt cellulaire)	4,192	35,655	54	35,643	4,204	39,847	1,548,241
Dépôt des condamnés (la Roquette)	1,775	8,020	75	8,005	1,790	9,795	611,954
Maison de justice (Conciergerie)	465	15,617	6	15,601	481	16,082	166,382
Saint-Lazare (maison d'arrêt et de correction)	4,715	31,081	247	31,203	4,593	35,796	1,745,413
Madelonnettes (*Idem*)	2,038	9,244	80	9,295	1,987	11,282	739,597
Sainte-Pélagie (*Idem*)	2,513	19,651	70	19,709	2,455	22,164	913,249
Saint-Denis (maison de répression)	3,669	5,538	1,433	5,353	3,854	9,207	1,290,764
Clichy (prison pour dettes)	559	2,580	2	2,614	525	3,139	206,325
Total	19,926	127,386	1,967	127,423	19,889	147,312	7,221,895

Mouvement proportionnel pour 100 existences.

	A l'entrée.		A la sortie.			
Mazas	10.52	89.48	0.14	89.31	89.45	10.55
La Roquette	18.12	81.88	0.77	80.96	81.73	18.27
La Conciergerie	2.89	97.11	0.04	96.97	97.01	2.99
Saint-Lazare	13.17	86.83	0.69	86.47	87.16	12.84
Les Madelonnettes	18.06	81.94	0.71	81.68	82.39	17.61
Sainte-Pélagie	11.34	88.66	0.32	88.60	88.92	11.08
Saint-Denis	39.85	60.15	15.56	42.58	58.14	41.86
Clichy	17.81	82.19	0.06	83.22	83.28	16.72
Moyenne	13.53	86.47	1.33	85.17	86.50	13.50
	100.00		86.50		100.00	

Les chiffres qui précèdent suffisent pour donner une idée de la rapidité avec laquelle s'opère le renouvellement du personnel des prisons de la Seine. Il n'y a guère que la maison de répression de Saint-Denis, dont la population soit à peu près stationnaire. Quant au coefficient mortuaire tout à fait exceptionnel de cette maison, il s'explique probablement, au moins en partie, par ce fait que son effectif se compose presque exclusivement de mendiants et de vagabonds le plus souvent infirmes et âgés.

Mais il importe de donner aux rapports de mortalité ci-dessus une forme plus précise, en rapprochant les décès de la durée de la détention.

	Mortalité d'un jour.	Mortalité effective d'après la durée du séjour.	Mortalité moyenne.	Durée moyenne de la détention.
Mazas.	0.000035	0.14	1.28	39 j.
La Roquette	0.000123	0.77	4.49	63
La Conciergerie . .	0.000036	0.04	1.31	10
Saint-Lazare. . . .	0.000142	0.69	5.18	49
Les Madelonnettes.	0.000108	0.71	3.94	66
Sainte-Pélagie . . .	0.000077	0.32	2.81	41
Saint-Denis	0.001110	15.56	40.52	140
Clichy	0.000010	0.06	0.36	66
Les 8 prisons . .	0.000273	1.33	9.96	49 j.

C'est à Saint-Denis, maison de répression, que le séjour moyen des détenus est le plus long; viennent ensuite, par ordre d'importance, les prisons de Clichy et des Madelonnettes, le Dépôt des condamnés, Saint-Lazare et Sainte-Pélagie. Le séjour à Mazas est relativement très-court. Quant à la Conciergerie, on voit que les détenus y restent, en moyenne, dix jours; on peut donc dire qu'ils ne font qu'y passer.

Nous retrouvons ici, sous quelque forme qu'on l'apprécie, la mortalité énorme de la maison de Saint-Denis; mais il ne nous paraît pas possible, quand on connaît la nature de son personnel, de rapprocher son coefficient mortuaire de celui des autres prisons, qui ne renferment que des adultes dans la force de l'âge. On remarquera la faible mortalité de Mazas et surtout de Clichy.

En ce qui regarde cette dernière prison, on voit qu'elle se trouve dans les mêmes conditions, au point de vue de la durée moyenne de la détention, que les Madelonnettes qui, cependant, ont une mortalité 10 fois supérieure.

On comprend facilement, d'après les observations et les résultats qui précèdent, que les décès ne suffisent pas pour caractériser l'état sanitaire relatif des diverses prisons de Paris. C'est ce qui nous a engagé à chercher, pour chacune d'elles, le nombre et la gravité des maladies qui s'y produisent. Le tableau suivant résume, sur ce point, les faits essentiels.

Période 1860-1863.

	Journées de détention.	Journées de maladie.	Nombre de détenus entrés à l'hospice ou à l'infirmerie.	Proportion par 100 détenus.	Journées de maladie pour 100 journées de détention.	Durée de la maladie.	Mortalité par 1 jour de maladie.
Mazas.	1,548,241	85,652	4,139	10	5.53	21 j.	0.000630
La Roquette	611,954	19,348	1,304	13	3.17	15	0.003876
La Conciergerie . .	166,382	7,870	856	5	4.73	9	9.000762
Saint-Lazare. . . .	1,745,413	412,136	12,066	34	23.61	34	0.000599
Les Madelonnettes.	739,597	36,715	2,156	19	4.96	17	2.179000
Sainte-Pélagie. . .	913,219	62,379	2,948	13	6.83	21	1.122000
Saint-Denis.	1,290,764	149,932	4,699	51	11.62	32	9.558000
Clichy	206,325	7,654	485	16	3.71	16	0.261000
Les 8 prisons . .	7,221,895	781,686	28,650	20	10.82	27 j.	0.002516

Le nombre des individus admis à l'infirmerie et aux hospices est très-différent selon les prisons. Ainsi, tandis que, sur 100 détenus présents, il en entre 51, c'est-à-dire plus de la moitié, dans la prison de Saint-Denis; à la Conciergerie, cette proportion est juste 10 fois moins considérable; à Mazas, elle l'est encore 5 fois moins, et 4 fois moins à la Roquette et à Sainte-Pélagie. Saint-Denis présente, sur ce point, des résultats tout à fait exceptionnels. A Saint-Lazare, qui vient ensuite, il entre à l'infirmerie 34 détenus pour 100, c'est-à-dire un peu plus du tiers. Viennent ensuite, par ordre d'importance, les Madelonnettes (19) et Clichy (16).

Pour les prisons réunies, on compte 20 malades sur 100 détenus. C'est juste le cinquième.

Rapprochée du nombre de journées de détention, la proportion des journées de maladie ne suit pas toujours l'ordre précédent. Ici c'est Saint-Lazare qui occupe le premier rang, et la Roquette le dernier.

En général, on compte un peu plus de 10 journées de maladie pour 100 journées de détention. Les prisonniers sont donc malades plus de 1 jour sur 10.

Relativement à leur durée, les maladies diffèrent également suivant les prisons. Ainsi, tandis qu'elles durent 34 jours à Saint-Lazare et 32 à Saint-Denis, elles ne durent que 9 jours pour les détenus de la Conciergerie. A Mazas et à Sainte-Pélagie, la durée est de 21 jours, et elle varie de 15 à 17 pour la Roquette, Clichy et les Madelonnettes. Pour les prisons réunies, le séjour à l'infirmerie est, en moyenne, de 27 jours.

Mais ce qu'il importe d'étudier, c'est la mortalité résultant de ces maladies. Le tableau qui précède en donne la mesure, et permet de classer les prisons de la Seine comme il suit :

	Décès par 100 jours de maladie.
Maison de répression de Saint-Denis . . .	0.96
Dépôt des condamnés de la Roquette. . .	0.39
Maison d'arrêt des Madelonnettes.	0.22
Idem de Sainte-Pélagie	0.11
Maison de détention de la Conciergerie. .	0.08
Idem de Mazas.	0.06
Maison de correction de Saint-Lazare. . .	0.06
Prison pour dettes de Clichy . . . : . .	0.03
Moyenne	0.25

Or, il est à remarquer que la première renferme des mendiants et vagabonds détenus administrativement, les trois autres des condamnés et les deux suivantes des détenus. Quant aux deux dernières, ce sont, comme on sait, des maisons spéciales destinées, la première, aux femmes, la seconde, aux détenus pour dettes ; celle-ci est, à tous égards, dans les conditions les plus favorables. Si, à Saint-Lazare, comme on l'a vu plus haut, les maladies sont à la fois les plus longues et les plus fréquentes, le tableau ci-dessus indique qu'elles n'ont qu'une faible importance au point de vue des chances de mort. Ce sont pour la plupart des maladies syphilitiques.

Les détails qui précèdent s'appliquent à l'effectif complet des prisons, sans distinction de sexe. Or, les états officiels indiquent que le quart de cet effectif appartient au sexe féminin.

La plupart des femmes sont détenues à Saint-Lazare ; mais Clichy en renferme un certain nombre. Elles constituent environ le tiers du personnel de Saint-Denis. Il ne sera donc pas sans intérêt d'examiner les modifications que la différence du sexe apporte dans les résultats généraux que nous venons de présenter.

Comme pour la comparaison des prisons, nous nous contenterons des résultats de la dernière période (1860-1863).

Voici d'abord le résumé du mouvement; il sert de base à nos calculs.

	Population au 1er janvier.	Entrées.	Total des existences.	Décès.	Journées de détention.	Nombre des individus entrés à l'infirmerie.	Journées de maladie.
Sexe masculin . .	14,149	94,839	108,988	1,312	5,085,690	15,113	311,466
Sexe féminin. . .	5,777	32,547	38,324	655	2,136,205	13,537	470,220
Les 2 sexes . .	19,926	127,386	147,312	1,967	7,221,895	28,650	781,686

On en déduit les rapports suivants relatifs à la mortalité respective des deux sexes et à la durée moyenne de la détention pendant l'année.

	Mortalité d'un jour.	Mortalité afférente à la durée du séjour.	Mortalité annuelle.	Durée moyenne de la détention.
Sexe masculin . .	0.000258	1.20	9.42	47 jours
Sexe féminin. . .	0.000367	1.71	13.39	56 —
Les 2 sexes . .	0.000273	1.33	9.96	49 jours

On a ici la preuve que les femmes sont soumises journellement aux plus fortes chances de mortalité. Cette mortalité s'aggrave du reste par le fait de la durée plus longue de leur détention.

Le tableau suivant exprime mieux encore leur état sanitaire.

	Proportion sur 100 détenus des entrées à l'infirmerie ou à l'hospice.	Journées de maladie par 100 jours de détention.	Durée de la maladie.	Mortalité par 100 jours de maladie.
Sexe masculin . .	14	6.12	21 j.	0.42
Sexe féminin. . .	35	22.01	35	0.14
Les 2 sexes . .	20	10.82	27 j.	0.25

D'après ces données, pour un effectif égal, il entre à l'infirmerie 2.5 fois plus de femmes que d'hommes. Pour 100 journées de détention, cette disproportion est plus grande encore, puisque les femmes en comptent plus de 3 fois plus que les hommes à l'infirmerie. Leurs maladies sont également de plus longue durée; mais en revanche, ces maladies sont bien moins souvent mortelles, leur coefficient de mortalité pour 100 jours d'infirmerie étant le tiers de celui des hommes. Au surplus, ce résultat est logique; car s'il y avait eu égalité sous ce rapport entre les deux sexes, les femmes étant exposées 3 fois plus et au delà que les hommes à être malades, leur mortalité serait 3 fois plus considérable. Or, on peut voir en rapprochant les nombres 367 et 258 qui expriment ces mortalités respectives qu'elle ne l'est que 1¹/₂ fois, et même un peu moins : 1.42.

Il résulte de ces observations que c'est à la fréquence des maladies que les femmes doivent, dans les prisons, leur plus fort coefficient mortuaire. Cette conclusion mérite l'attention, car elle montre que s'il y avait parité, sous ce rapport, entre les deux sexes, et c'est ce qui arrive à peu près dans la population libre, la femme captive serait, au point de vue de la mortalité, mieux partagée que l'homme. On sait que toutes les tables de population confirment ce fait important.

V. PRISONS DÉPARTEMENTALES.

Quoique ces prisons aient été annoncées comme devant figurer dans le cadre de cette étude, nous avons cru devoir, après réflexion, ne pas les y comprendre. Le séjour dans le plus grand nombre est de trop courte durée, en effet, pour que les renseignements fournis sur l'état sanitaire puissent donner lieu à des observations concluantes au sujet de l'influence de la détention sur les maladies qui atteignent les détenus. La plupart sont, d'ailleurs, dépourvues d'infirmerie, bien qu'un médecin soit attaché à chaque établissement, les malades gravement atteints étant généralement traités à l'hôpital de chaque localité, et leurs décès ne sont point distingués de ceux des autres malades. Cette double raison, dont les éléments sont consignés dans les comptes rendus du ministère de l'intérieur, justifient complétement notre décision. On aura, au surplus, une idée des erreurs auxquelles on serait conduit en leur appliquant les procédés de calcul que nous avons employés pour les autres maisons pénitentiaires, en songeant que, par ces procédés, on y trouverait une mortalité inférieure à celle de la population libre, résultat que personne ne saurait accepter.

Récapitulons, en terminant, les principaux résultats de ce travail.

Si l'on prend pour unité le coefficient mortuaire de la population générale, applicable à une journée de présence, on trouve, dans la période la plus récente, pour la mortalité des bagnes, 1.72; — pour les maisons centrales, 2.34; — pour les établissements d'éducation correctionnelle, 1.10; — pour les prisons de la Seine, en comparant leur effectif à la population libre du même département, 3.90. C'est là la mesure de l'aggravation apportée dans la mortalité par l'état de captivité.

Disons, à ce sujet, que des recherches analogues faites à l'aide des documents hospitaliers montrent, toujours à une date récente, que les chances journalières de mortalité sont, dans les hôpitaux, 42 fois plus nombreuses que dans la population civile; dans les hospices, cette proportion est de 8. Comparée à la mortalité de la population du département, celle des hôpitaux de la Seine est de 59.5, et celle des hospices de 7.5. Enfin, celle des enfants trouvés proprement dits de la France entière égale 6 fois la mortalité ordinaire.

Ces résultats sont significatifs : ils ne donnent pas toutefois une idée complète de l'état sanitaire réel de ces populations spéciales. Il importe, pour pouvoir l'apprécier exactement, de tenir compte de l'âge et du sexe des individus admis dans ces divers établissements. C'est ce que nous avons fait pour les prisons, en admettant que les bagnes, les maisons centrales et les prisons ne reçoivent généralement que des adultes, et les maisons d'éducation correctionnelle, des enfants de 5 à 16 ans seulement. On se rappelle que nous avons trouvé, en ce qui concerne ces maisons, que la mortalité, qui n'y est que 1.1 fois plus élevée que celle de la population de tous les âges, est 3 fois plus forte que celle de la population libre du même âge.

Rappelons enfin que, si un pareil état sanitaire laisse encore beaucoup à désirer, il a été, avec le temps, l'objet d'améliorations bien marquées. C'est ainsi que les bagnes, les maisons centrales et les établissements de jeunes détenus ont vu leur mortalité décroître plus rapidement que la population libre. Les prisons de la Seine ont seules fait exception, leur mortalité s'étant aggravée assez sensiblement.

INFLUENCE DES SAISONS

SUR LES NAISSANCES, LES MARIAGES ET LES DÉCÈS.

L'influence des divers mois de l'année sur les trois actes de l'état civil, et principalement sur les naissances et les décès, a déjà été étudiée, dans ses résultats les plus généraux, par un assez grand nombre de statisticiens, parmi lesquels il faut citer en première ligne MM. Villermé et Quételet.

L'étude détaillée des documents publiés par le service de la Statistique Générale de France nous a toutefois conduit à penser qu'on pouvait, même après ces illustres maîtres, tenter une exploration nouvelle sur le domaine de cette statistique spéciale et y constater quelques phénomènes nouveaux, restés inaperçus ou incomplétement mis en lumière jusqu'à ce jour.

Notre travail a porté sur les observations relatives aux années 1861, 1862 et 1863, années relativement récentes. Nous avons cherché à tenir compte de la différence des sexes, du lieu du séjour, et, en ce qui concerne les décès, de l'âge des morts.

Il suffit d'indiquer ces divers points de vue pour donner une juste idée du nombre considérable des faits que nous avons dû soumettre au calcul. Mais ce recueil ne se prêterait que difficilement à la reproduction de tableaux numériques étendus, et le lecteur pourra, d'ailleurs, se reporter aux publications officielles.

Nous nous bornerons à faire connaître nos conclusions, en les accompagnant des tableaux absolument nécessaires à la clarté de nos raisonnements et à la confirmation de nos calculs.

I. NAISSANCES ET CONCEPTIONS PAR MOIS.

Pendant les années 1861, 1862 et 1863, les naissances totales (mort-nés compris) se sont réparties comme il suit entre les divers mois. On en déduit l'ordre des *conceptions*, dont l'époque se détermine en remontant au 9ᵉ mois à partir de la date de la naissance.

Mois de la naissance.	1861.	1862.	1863.	Mois de la conception.
Janvier	88,692	90,076	93,768	Avril.
Février	87,984	86,440	89,534	Mai.
Mars	99,314	95,962	97,832	Juin.
Avril	97,231	89,591	91,896	Juillet.
Mai	94,628	87,858	89,417	Août.
Juin	83,349	79,274	82,573	Septembre.
Juillet	82,671	83,474	84,596	Octobre.
Août	82,133	83,637	85,423	Novembre.
Septembre	82,764	85,356	83,421	Décembre.
Octobre	83,765	84,783	85,985	Janvier.
Novembre	83,413	84,776	86,828	Février.
Décembre	84,158	88,855	86,974	Mars.
Total	1,050,102	1,040,082	1,058,247	

Pour se rendre compte de l'influence des divers mois de l'année sur les conceptions, il est nécessaire de ramener ces mois à un nombre uniforme de 31 jours, et de les rapporter à un même nombre de conceptions annuelles. C'est l'objet du tableau suivant :

Mois de la conception.	1861.	1862.	1863.	Moyenne.
Janvier	939 —	959 —	956 —	952 —
Février	965 +	990	998 +	985 +
Mars	943 —	1,006	967 —	972 —
Avril	994	1,019	1,043	1,019
Mai	1,090	1,083	1,102 +	1,092
Juin	1,113	1,086 +	1,087	1,095 +
Juillet	1,126 +	1,048	1,056	1,076
Août	1,060	993	994	1,016
Septembre	965	926 —	949	947
Octobre	926	945	940 —	937 —
Novembre	920 —	947	950	939
Décembre	959	998	958	970

12,000

Le maximum principal des conceptions tombe généralement au mois de juin et le minimum correspondant au mois d'octobre. Il se produit un maximum secondaire en décembre, très-inférieur au précédent, et après un minimum correspondant en janvier, un autre maximum en février, suivi d'un minimum en mars.

Les 3 années se rapprochent très-sensiblement de la moyenne ; la différence entre les mois maxima et minima est, en 1861, de 206, en 1862, de 160, en 1863, de 162, et, en moyenne, de 158 sur 12,000. Ainsi, c'est en 1861 que l'influence des saisons a été le plus caractérisée.

Si on veut étudier l'influence des saisons suivant le degré d'agglomération des populations, on constate les faits ci-après :

Mois de la conception.	Population rurale.	Population urbaine.	Seine.
Janvier	954 —	948 —	929 —
Février	988 +	981	955
Mars	965 —	1,010	979
Avril	1,020	1,020	996
Mai	1,098	1,087 (+)	1,044
Juin	1,106 (+)	1,072	1,068 (+)
Juillet	1,087	1,047	1,064
Août	1,019	1,003	1,035
Septembre	938	959	986 (—)
Octobre	925 (—)	954 (—)	988 +
Novembre	928	955	977 —
Décembre	972 +	964 +	979 +

12,000

Ces résultats sont, à quelques légers écarts près, analogues à ceux qui s'appliquent à la France entière. La différence du maximum au minimum principal est de 181 dans la population rurale, de 118 dans la population urbaine, et de 82 dans le département de la Seine.

L'influence des saisons est donc d'autant plus sensible que la population est moins agglomérée.

Si l'on procède par saisons climatériques, on trouve :

	Campagnes.	Villes.	Seine.	France.
Hiver.	2,914	2,893	2,872 —	2,924
Printemps	3,083	3,117	2,994	3,031
Été.	3,212 +	3,122 +	3,174 +	3,207 +
Automne.	2,791 —	2,868 —	2,960	2,838 —

Ainsi, quelle que soit la population, c'est en été qu'il y a le plus de conceptions, et en automne qu'il y en a le moins. A ce dernier point de vue, toutefois, la Seine fait exception, puisque c'est en hiver que ce département en compte le plus petit nombre.

Les différences par saisons dans les diverses populations s'établissent ainsi qu'il suit :

	Campagnes.	Villes.	Seine.	France.
De l'été à l'automne.	421	254	214	369
De l'été au printemps	129	5	180	176
De l'été à l'hiver.	298	229	302	283
De l'hiver à l'automne. . . .	123	25	(—88)	86
Du printemps à l'hiver. . . .	169	224	122	107
Du printemps à l'automne. .	292	249	34	193

On en conclut que les saisons qui présentent les plus grands écarts sont l'été et l'automne, et celles qui se rapprochent le plus, l'automne et l'hiver. Dans la Seine même, l'hiver est plus favorisé que l'automne ; cette dernière saison est, en effet, marquée, à Paris, par une sorte d'émigration, qu'expliquent les vacances, la saison de la chasse ou de la villégiature.

L'influence des saisons est donc manifeste sur l'acte de la conception ; nous allons rechercher dans quelle mesure elle se produit au point de vue de la différence des sexes, des enfants vivants ou mort-nés, des enfants légitimes ou naturels. — Voici d'abord ce qui regarde le rapport des sexes ; nous passerons ensuite aux mort-nés et aux enfants naturels :

Mois de la conception.	Garçons pour 100 filles.		
	Campagnes.	Villes.	Seine.
Janvier.	107.27	106.75	103.36
Février.	106.90	104.55	104.41
Mars	107.45	107.24	108.81
Avril	107.52	105.65	101.96
Mai.	106.17	105.65	104.29
Juin	107.36	103.54	104.91
Juillet	105.93	105.56	106.21
Août	106.49	106.02	107.49
Septembre.	107.83	104.55	107.95
Octobre.	106.97	104.56	105.37
Novembre	106.82	105.68	105.99
Décembre	107.18	106.88	105.42
Moyenne. . .	106.98	105.56	105.49

Les rapports sexuels correspondant aux maxima et minima principaux des conceptions sont les suivants :

Mois.	Campagnes.	Mois.	Villes.	Mois.	Seine.
Juin.	107.36	Mai	105.65	Juin.	104.91
Octobre . . .	106.97	Octobre. . .	104.56	Septembre .	107.95

Ces chiffres, qui sont précédés ou suivis de chiffres très-différents, ne permettent aucune conclusion précise ; car, si, dans la population urbaine et rurale, il paraît y avoir plus de garçons pendant les mois du maximum des conceptions, le fait opposé se produit dans le département de la Seine. — Les mois présentent ici des irrégularités qui ne permettent pas de saisir facilement la loi des faits, les maxima et minima des conceptions, ou du rapport sexuel, n'ayant, en effet, aucune concordance. Mais cette concordance apparaît plus clairement, si l'on procède par trimestre. En classant d'après cette méthode les mois d'après l'ordre décroissant des conceptions, nous trouvons, en rapprochant les rapports sexuels qui leur sont afférents, les résultats suivants :

	Campagnes.	Villes.	Seine.
Maximum des conceptions. .	106.49	105.04	106.20
Trimestres intermédiaires. .	107.13	105.57	105.63
Minimum des conceptions . .	107.21	106.09	104.59

On voit que, dans la France départementale (car la Seine donne lieu à des résultats tout opposés), le rapport des garçons aux filles est moins élevé dans les mois du maximum des conceptions que dans ceux du minimum ; en d'autres termes, les mois les plus féconds sont ceux qui voient naître le plus de filles.

L'influence des saisons sur les mort-nés peut et doit se produire principalement au moment même de la naissance. C'est donc au point de vue des mois de la naissance que nous devons d'abord étudier le problème :

Mois de la naissance.	Mort-nés pour 100 naissances.		
	Campagnes.	Villes.	Seine.
Janvier.	4.09 (+)	5.42 (+)	7.06 (+)
Février.	3.99	5.22	7.01
Mars	3.83	5.17	6.67
Avril	3.74	4.97	6.33 (—)
Mai.	3.66	5.13	6.69
Juin	3.74	4.83 (—)	6.82
Juillet	3.64	4.90	6.62
Août	3.62	5.00	6.54
Septembre.	3.61 (—)	5.07	6.83
Octobre	3.68	5.20	6.57
Novembre	3.63	5.12	6.90
Décembre	3.93	5.30	6.89
Moyenne. . .	3.77	5.11	6.74

Pour les trois populations, le maximum se produit en janvier ; mais le minimum n'occupe pas de place fixe dans la série des mois.

Par saisons, les proportions se différencient comme il suit :

	Campagnes.	Villes.	Seine.
Hiver.	4.00 +	5.31 +	6.99 +
Printemps	3.74	5.13	6.77
Été.	3.67	5.09	6.65
Automne	3.64 —	4.91 —	6.56 —

C'est donc en hiver qu'il y a partout le plus de mort-nés et en automne qu'il y en a le moins.

Pour juger du rapport qui peut exister entre la conception et le nombre des mort-nés, nous allons rapprocher la proportion des mort-nés (mort-nés pour 100 conceptions) des mois classés suivant l'ordre décroissant des conceptions. Voici les résultats :

	Campagnes.	Villes.	Seine.
Maximum des conceptions. .	3.82	5.20	6.56
Trimestres intermédiaires. .	3.60	5.14	6.88
Minimum des conceptions. .	3.67	5.02	6.66

Ici également la Seine présente des faits opposés à ceux que l'on constate pour les autres départements ; pour ces derniers, les rapports indiquent qu'au maximum

des conceptions correspond le rapport de mort-nés le plus élevé, et réciproquement. Ce fait est surtout caractérisé dans la population urbaine.

Les saisons ont-elles une influence quelconque sur le nombre des conceptions
naturelles? Voici les faits :

Mois de la conception.	Conceptions naturelles pour 100 conceptions.		
	Campagnes.	Villes.	Seine.
Avril	4.81	12.64 +	28.36 +
Mai.	4.82 +	12.26	26.96 —
Juin	4.62	12.22	27.13 +
Juillet	4.61 —	12.31	27.05
Août.	4.66	12.08	26.50
Septembre	4.82 +	11.56	25.74 —
Octobre	4.25	11.33	26.08 +
Novembre	4.07 —	10.96 —	25.60 —
Décembre	4.17	11.54	26.91 +
Janvier.	4.19	11.62	26.82
Février.	4.43	11.90	26.72 —
Mars	4.64	12.25	27.94
Moyenne. . .	4.50	11.90	26.82

La différence des termes extrêmes est, dans la population rurale, de 0.75 p. 100,
de 1.68 dans la population urbaine, et de 2.76 dans la Seine. Quant au phénomène
dont nous recherchons l'existence, on voit que c'est dans la population urbaine
qu'il se manifeste avec le plus de régularité; cette population ne présente, en effet,
qu'un maximum et un minimum, tandis qu'il y en a 2 dans les campagnes, et jusqu'à 4 dans la Seine.

Malgré ces anomalies, le maximum des conceptions d'enfants naturels se produit
en avril dans les campagnes et en mai dans les villes et la Seine, c'est-à-dire un
mois avant le maximum des conceptions, qui, comme nous l'avons vu, tombe en
mai et en juin. Quant au minimum principal, on le trouve partout en novembre,
tandis que celui des conceptions a lieu un mois auparavant, c'est-à-dire en octobre.

On va voir que ces différences se reproduisent par saisons :

	Conceptions naturelles.			Ordre du total des conceptions.		
	Campagnes.	Villes.	Seine.	Campagnes.	Villes.	Seine.
Hiver	4.26 —	11.67	26.82	2,914	2,873	2,924
Printemps. .	4.76 +	12.38 +	27.75 +	3,083	3,117	3,031
Été	4.63	12.20	26.83	3,212 +	3,122 +	3,207 +
Automne . .	4.38	11.28 —	25.81 —	2,791 —	2,868 —	2,838 —
						12,000

Le tableau suivant montre quelle est l'influence du nombre de conceptions totales
sur la proportion de celles qui sont naturelles :

	Campagnes.	Villes.	Seine.
Maximum des conceptions . .	4.68	12.27	26.89
Trimestres intermédiaires. .	4.46	11.99	26.99
Minimum des conceptions . .	4.38	11.30	26.38

Abstraction faite de la Seine, qui ne présente pas encore ici de résultats concluants,
les nombres ci-dessus indiquent que le rapport des conceptions naturelles est d'autant
plus élevé que les conceptions totales sont plus nombreuses, et réciproquement.

Pour nous résumer en quelques mots, on peut conclure des recherches qui précèdent : 1° que plus la fécondité générale (nombre des conceptions) est grande,
plus le rapport des filles aux garçons s'élève et plus est grande la chance de mettre

au monde des mort-nés; 2° que c'est dans les mois des plus nombreuses conceptions que la proportion des conceptions naturelles est la plus forte.

Toutefois, ces résultats ne doivent être accueillis qu'avec quelque réserve, les nombreuses anomalies que présentent les mois n'ayant pas permis de les dégager avec une clarté et une netteté suffisantes. Des recherches ultérieures sont donc encore nécessaires pour les mettre à l'abri de toute controverse.

II. MARIAGES PAR MOIS.

Le tableau suivant contient : 1° la répartition mensuelle des mariages pendant les trois années 1861, 1862 et 1863; 2° la même répartition (par mois uniformes de 31 jours), pour 12,000 mariages annuels :

Mois.	Mariages.			Proportion mensuelle des mariages.		
	1861.	1862.	1863.	1861.	1862.	1863.
Janvier	36,450	30,768	31,460	1,399	1,186	1,221
Février	32,126	40,114	37,844	1,366	1,710	1,626
Mars	10,933	18,193	12,333	420	701	479
Avril	33,529	19,781	29,480	1,330	788	1,183
Mai	24,298	25,173	24,402	933	970	943
Juin	28,231	29,410	29,653	1,120	1,171	1,189
Juillet	25,795	24,835	23,131	990	958	900
Août	18,285	18,123	18,047	702	699	700
Septembre	22,416	22,534	22,468	890	898	901
Octobre	26,488	26,242	25,686	1,017	1,012	997
Novembre	32,602	33,429	32,175	1,293	1,332	1,290
Décembre	14,050	14,912	14,700	540	575	571
Totaux	305,203	303,514	301,376	12,000		

Il résulte de ces rapports (conformes aux observations faites dans toutes les années précédentes), que certains usages religieux exercent en France, comme dans tous les pays catholiques, une grande influence sur le nombre des mariages. Les nombres minima se produisent, en effet, à l'époque du Carême et de l'Avent, pendant laquelle l'Église ne célèbre les mariages que sur une dispense spéciale. On remarque, en outre, une diminution notable dans le mois d'août, c'est-à-dire à l'époque de la récolte céréale, qui absorbe complétement les populations rurales.

Comme il était facile de le prévoir, et comme l'indique le tableau suivant établi sur la moyenne des trois années, ces influences sont plus marquées dans les campagnes que dans les villes, et surtout que dans la Seine.

Mois.	Proportion mensuelle des mariages.		
	Campagnes.	Villes.	Seine.
Janvier	1,344	1,140	872
Février	1,666	1,367	1,163
Mars	510	547	739
Avril	1,083	1,165	1,035
Mai	922	973	1,176
Juin	1,193	1,087	1,039
Juillet	925	996	1,028
Août	632	855	1,064
Septembre	854	1,004	977
Octobre	972	1,085	1,133
Novembre	1,371	1,184	979
Décembre	528	600	795
	12,000		

On remarquera que, dans les campagnes et les villes, le maximum principal des mariages se trouve au mois de février, et le minimum correspondant au mois de mars; le maximum secondaire se trouve en novembre et le minimum de même nature au mois de décembre. Dans la Seine, si les minima occupent la même place, les maxima correspondants tombent en mai et en octobre.

Le minimum correspondant à la saison des récoltes est très-marqué dans la population rurale et beaucoup moins dans la population urbaine. Dans la Seine, ce minimum se trouve en septembre, époque de villégiature.

Quant à la différence des minima et maxima, elle est, pour les premiers, de 1,150 dans les campagnes, de 820 dans les villes et de 424 seulement dans la Seine, et, pour les seconds, de 843, 584, et 184 pour 12,000 mariages. Ainsi, c'est dans les campagnes que les influences qui nous occupent se manifestent le plus clairement. Elles sont, au contraire, très-peu marquées dans la Seine.

III. DÉCÈS PAR MOIS.

Le tableau ci-après, dressé d'après les mêmes principes que les précédents, indique, sans distinction de sexe ou d'âge, pour les trois années que nous étudions, la répartition des décès entre les divers mois de l'année.

Mois.	Décès totaux.			Décès proportionnels, par mois de 31 jours.			
	1861.	1862.	1863.	1861.	1862.	1863.	Moyenne des 3 années.
Janvier	78,272	79,239	74,506	1,063	1,147	1,036	1,081 +
Février	66,643	69,000	71,578	1,005	1,106	1,102	1,070 —
Mars	71,793	75,816	83,657	975	1,098	1,163	1,077 +
Avril	71,004	71,610	72,023	996	1,071	1,034	1,033
Mai	71,883	68,656	67,758	976	994	941	970
Juin	62,279	61,872	62,612	874	925	899	899 —
Juillet	65,425	65,196	70,374	888	944	978	936
Août	83,213	68,333	82,445	1,131	989	1,146	1,090 +
Septembre	84,153	63,083	71,605	1,182	944	1,028	1,054
Octobre	75,233	60,710	63,181	1,022	878	878	927 —
Novembre	70,026	62,436	61,154	983	934	878	932
Décembre	66,673	67,027	66,024	905	970	917	931
	866,597	812,978	846,917		12,000		12,000

Bien que la distribution des décès par mois ait offert, pendant les années qui nous occupent, une assez grande irrégularité, on constate, en prenant la moyenne des trois années, l'existence de deux *maxima* principaux, l'un en août et l'autre en janvier. Le minimum qui leur correspond se trouve au mois de juin. On en conclut que c'est par les températures extrêmes que se produit le plus grand nombre de décès.

Si l'on rapproche les décès : 1° des conceptions, 2° des naissances, on obtient les rapports ci-dessous :

Mois.	Conceptions.	Décès.	Naissances.	Décès.
Janvier	952 —	1,081 +	937 —	1,081 +
Février	985 +	1,070 —	939	1,070 —
Mars	972 —	1,077 +	970 +	1,077 +
Avril	1,019	1,033	952 —	1,033
Mai	1,092	970	985 +	970
Juin	1,095 +	899 —	972 —	899 —
Juillet	1,076	936	1,019	936
Août	1,016	1,090 +	1,092	1,090 +
Septembre	947	1,054	1,095 +	1,054
Octobre	937 —	927 —	1,076	927 —
Novembre	939	932 +	1,016	932 +
Décembre	970 +	931 —	947	931 —
	12,000		12,000	

On ne peut s'empêcher d'être frappé de ce fait que les maxima des décès correspondent aux minima des conceptions et réciproquement.

Conceptions et décès suivent donc une loi opposée, et on a le droit d'en conclure que la force qui favorise la reproduction de l'espèce se manifeste également par une amélioration marquée de la santé générale.

Le rapprochement des naissances et des décès amène des résultats moins concluants. Toutefois, pour les naissances comme pour les décès, il y a identité en ce qui concerne le maximum de mars et le minimum de juin. Quant au maximum principal, il tombe, pour les décès, au mois d'août, et pour les naissances, en septembre.

Les mois du plus grand nombre de naissances sont donc, dans une certaine mesure, ceux de la plus forte mortalité, et réciproquement; ce qui impliquerait que la mortalité est en raison directe de la fécondité. C'est le résultat qu'on obtient généralement quand on compare entre eux les divers pays de l'Europe ou les départements français.

L'agglomération de la population a-t-elle une influence quelconque sur la répartition des décès entre les divers mois de l'année? C'est ce qu'on peut vérifier à l'aide du tableau ci-après:

Mois.	Campagnes.	Villes.	Seine.
Janvier.	1,088 +	1,058 +	1,107
Février.	1,073 —	1,054 —	1,117
Mars	1,082 —	1,053 +	1,143 +
Avril.	1,034	1,010	1,132
Mai.	960	977	1,051
Juin	887 —	919 —	931
Juillet	916	990	918 —
Août.	1,083 +	1,121 +	1,036 +
Septembre.	1,072	1,039	910
Octobre	947	902 —	821 —
Novembre	941	923	871
Décembre	917 —	954	963
	12,000		

D'après ces nombres, les maxima et les minima de mortalité se placent, pour les trois populations, aux mêmes mois.

C'est dans la Seine que le maximum d'hiver est le plus élevé; quant au maximum d'été, qui est très-faible dans ce département, sa valeur est plus élevée, dans la population urbaine, que le maximum d'hiver; on remarque que ces deux maxima sont presque égaux dans les campagnes.

On chercherait en vain dans ce tableau l'influence qu'on accorde généralement à la saison d'automne (chute des feuilles). Peut-être cette influence se fait-elle sentir sur quelques maladies déterminées; mais elle a si peu d'action sur la mortalité générale, que c'est dans les mois où elle devrait se produire que cette mortalité est à son minimum.

Les proportions qu'on vient d'établir ne permettent de dégager que deux causes bien certaines d'accroissement dans les décès; les froids intenses de l'hiver, qui se produisent généralement au mois de janvier, et les chaleurs caniculaires du mois d'août. Maintenant cette double cause agit avec la même intensité sur tous les âges de la vie.

Nous avons fait cette recherche pour la population rurale seulement, et les résultats en sont compris dans le tableau qui suit (décès par mois uniformes de 31 jours, réduits à 12,000 pour chaque période d'âge).

Âges.	Janvier.	Févr.	Mars.	Avril.	Mai.	Juin.	Juillet.	Août.	Sept.	Oct.	Nov.	Déc.
De 0 à 1 an . . .	969	979	971	913	839	852	1,085	1,537+	1,282	985	817	771—
De 1 à 5 ans. . .	884	970	1,022	986	911	851	979	1,376+	1,376	1,059	840	746—
De 5 à 10 ans . .	957	1,098	1,181+	1,165	1,057	946	900—	981	1,055	934	876	850
De 10 à 20 ans .	957	1,032	1,081	1,087+	1,075	969	912—	1,004	1,054	996	949	884
De 20 à 30 ans .	1,014	1,056	1,098	1,182+	1,037	965	908—	976	999	1,000	954	900
De 30 à 40 ans .	1,039	1,073	1,087	1,092+	1,052	972	921—	923	980	976	938	947
De 40 à 50 ans .	1,100	1,093	1,118+	1,076	1,010	914	882—	923	988	956	977	965
De 50 à 60 ans .	1,184+	1,094	1,093	1,062	1,003	908	861—	921	967	939	1,025	993
De 60 à 70 ans .	1,207+	1,140	1,140	1,067	1,007	882	830—	859	942	895	1,010	1,022
De 70 à 80 ans .	1,270+	1,163	1,153	1,082	982	869	806—	823	909	865	1,031	1,047
De 80 à 100 ans.	1,361+	1,200	1,160	1,070	935	843	781—	798	873	833	1,052	1,094
	1,088+	1,073	1,082	1,034	960	887—	916	1,083	1,072	947	941	917

On remarquera que, pour éviter toute confusion, nous n'avons indiqué, aux divers âges, que le maximum principal et le minimum correspondant. Il devient ainsi facile de suivre la marche de ces deux termes aux diverses époques de la vie.

S'agit-il du maximum du mois d'août, le tableau qui précède montre qu'il ne se trouve que dans les deux premières périodes d'âge, c'est-à-dire dans la première année et dans les quatre suivantes. Il s'applique donc exclusivement à l'enfance.

De 5 ans jusqu'à 50 ans, le maximum occupe une place différente; il oscille, en effet, de mars en avril pour revenir en mars. A partir de 50 ans, enfin, le maximum des décès se trouve toujours au mois de janvier. Les minima correspondants occupent, dans l'enfance, le mois de décembre, et dans tout le reste de la vie, le mois de juillet.

Si maintenant on examine l'écart qui existe entre le mois le plus et le moins chargé de décès, on trouve :

Âges.	Maximum.	Minimum.	Différence.
De 0 à 1 an	1,537 +	771	766
De 1 à 5 ans. . . .	1,376	746	630
De 5 à 10 ans . . .	1,181	900	281
De 10 à 20 ans. . .	1,087	912	175
De 20 à 30 ans. . .	1,132	908	224
De 30 à 40 ans. . .	1,092 —	921	171
De 40 à 50 ans. . .	1,118	882	236
De 50 à 60 ans. . .	1,134	861	273
De 60 à 70 ans. . .	1,207	830	377
De 70 à 80 ans. . .	1,270	806	464
De 80 à 100 ans. .	1,361 +	781	580
Moyenne. . .	1,088	887	201

A une simple inspection, on constate ce double fait : 1° que la valeur des maxima atteint son plus haut degré d'intensité dans l'enfance et dans la vieillesse, et qu'il est le plus faible possible de 30 à 40 ans; 2° que l'écart qui existe entre le mois le plus et le moins chargé de décès (et c'est cet écart qui donne la mesure la plus exacte de l'influence du mois sur la mortalité relative), n'est vraiment considérable que dans l'enfance et dans la vieillesse.

En résumant les chiffres qui précèdent par grandes périodes, on constatera encore mieux la vérité de ces conclusions:

Âges.	Maximum.	Minimum.	Différence.
De 0 à 1 an	1,537	771	766
De 1 à 5 ans. . . .	1,376	746	630
De 5 à 60 ans . . .	1,127	900	227
De 60 à 80 ans. . .	1,244	821	420
De 80 à 100 ans. .	1,361	781	580

Il est donc bien démontré, qu'à aucun âge de la vie, l'influence des saisons n'est plus sensible sur la mortalité que dans l'extrême enfance et dans la vieillesse, et qu'à aucun âge, elle ne l'est moins qu'entre 20 et 60 ans, c'est-à-dire lorsque l'homme est arrivé à la plénitude de son développement physique.

Rappelons, enfin, que la saison la plus défavorable est, pour l'enfance, l'été, pour la plus grande partie de la vie, le printemps, et l'hiver, pour la vieillesse. Ces saisons sont, d'ailleurs, comme on l'a vu, caractérisées par les mois d'août, d'avril et de janvier.

Ce déplacement du maximum des décès suivant les âges a pour effet de modifier considérablement l'âge moyen des décès, selon le mois que l'on considère. C'est ainsi que les personnes qui décèdent en janvier (c'est le mois fatal aux vieillards), ont vécu en moyenne 41 ans 7 mois. Celles qui décèdent en avril (c'est le mois fatal aux adultes), ont vécu 38 ans 10 mois, tandis que les décédés du mois d'août (appartenant en grande partie à l'enfance) n'ont eu pour âge moyen que 30 ans 4 mois. Quant à la moyenne générale applicable aux décès de toute l'année, pour la population qui nous occupe, elle est de 37 ans 4 mois.

Quand on fait la distinction des sexes, on trouve qu'aux différentes époques de la vie, prises séparément, les *maxima* et les *minima* tombent à peu près identiquement aux mêmes mois, et leur écart a, pour chaque sexe, à peu près la même valeur. Cette confirmation des résultats trouvés plus haut est d'autant plus remarquable, qu'on sait, d'après les tables mortuaires, les différences essentielles que présente, suivant le sexe, la distribution des décès selon les âges.